톡 투 마이 베이비

Talk to My Baby 톡 투 마이 베이비

초판 발행 · 2021년 11월 29일

지은이 · 박현영
발행인 · 이종원
발행처 · 길벗스쿨
출판사 등록일 · 2006년 7월 1일 | **주소** · 서울시 마포구 월드컵로 10길 56(서교동)
대표 전화 · 02)332-0931 | **팩스** · 02)323-0586
홈페이지 · www.gilbutschool.co.kr | **이메일** · gilbut@gilbut.co.kr
기획 및 책임 편집 · 김남희(sophia@gilbut.co.kr) | **표지 디자인** · 강은경 | **제작** · 이진혁
영업마케팅 · 김진성, 박선경 | **웹마케팅** · 박달님, 권은나 | **영업관리** · 정경화 | **독자지원** · 송혜란, 윤정아, 홍혜진

편집진행 · 박송현 | **본문 디자인·전산편집** · 하다 | **삽화** · 정윤슬 | **영문감수** · Ryan P. Lagace
녹음 · 사운드자이언 | **인쇄** · 대원문화사 | **제본** · 신정제본

ISBN 979-11-6406-393-2 13740 (길벗 도서번호 30498)
정가 15,000원

독자의 1초를 아껴주는 정성 길벗출판사
길벗 | IT실용, IT/일반 수험서, IT전문서, 경제실용서, 취미실용서, 건강실용서, 자녀교육서
더퀘스트 | 인문교양서, 비즈니스서
길벗이지톡 | 어학단행본, 어학수험서
길벗스쿨 | 국어학습서, 수학학습서, 유아학습서, 어학학습서, 어린이교양서, 학습단행본, 교과서

길벗스쿨 공식 카페 〈기적의 공부방〉 · cafe.naver.com/gilbutschool
인스타그램 / 카카오플러스친구 · @gilbutschool

Talk to My Baby

박현영 지음

톡 투 마이 베이비

길벗스쿨

대한민국 99.9%의 아이들을 위한
'박현영표 영어 말 걸기 10분의 힘'

"어머, 부러워라! 엄마가 영어에 능통하니 아이 영어는 저절로 되겠네요?!"

사람들이 시샘 섞인 눈빛으로 이렇게 말할 때마다 참 난감했습니다. 영어 동시통역사이자 방송인인 박현영, 제가 화려하고 극성스러운 이미지로 알려지다 보니 딸아이 영어쯤은 술술 해결되리란 기대였겠지요. 게다가 현진이가 영어, 중국어, 일본어, 스페인어, 프랑스어까지 술술 말하는 장면을 보고는 더욱 그렇게 생각하시더라고요. '그럼 그렇지, 엄마가 얼마나 시켰을 거야!' 하지만 현진이를 키우면서 속이 시커멓게 타 들어 간 날들도 숱했지요. 비싼 영어 유치원은 커녕 또래들보다 영어가 뒤쳐졌다는 이유로 학원 입학을 거절당한 적이 한두 번이 아니었어요. 게다가 밖에서 늦게까지 일하는 워킹맘이기 때문에 아이와 맞대고 공부할 수 있는 시간은 기껏해야 하루 10분~20분에 불과했어요. 저도 아이의 영어 때문에 불안하고, 시행착오도 하면서 발을 동동 구르는 똑같은 엄마였지요. 무엇보다 '엄마가 영어 도사인데 딸은 왜 못 하냐'는 소리를 들을까, 그래서 아이가 마음에 상처라도 입을까 노심초사할 수밖에 없었어요.

돌아보니 현진이가 지금 여러 외국어를 유창하게 말하게 된 것은 현진이가 뱃속에 들어설 때부터 시작하여 10년이라는 시간 동안 조금씩 쌓아온 노력의 결실인 것 같습니다. 그 시기를 지나온 엄마로서 단언하건대, 영어회화라는 것, 모국어가 아닌 외국어로서의 언어라는 것은 부모가 잘한다고 저절로 말문이 터지는 것이 절대 아니에요. 다들 아시겠지만 언어 교육의 효과는 돈의 액수에 비례하는 것도 아니고, 유별난 환경이나 고학력 부모를 전제로 하는 것도 아니고요. 영어 회화란 매일 밥 먹고 똥 누는 것처럼 완전히 몸에 배어들어야 하는 하나의 꾸

준한 습관, 매 순간 숨쉬는 것처럼 자연스럽고 즐거운 습관이어야 합니다. 매일 10분이라
도 듣고, 입 밖으로 외쳐야 소리 환경에 진짜 노출된다는 말이지요. 현진이와 그렇게 보내
온 지난 날들을 회상하며 일상 속에서 살아 숨쉬는 문장들을 모아 이 책을 썼습니다.

왜 태담부터 시작해야 할까요?

세계의 많은 언어 학자들이 인간의 언어습득 능력은 타고나는 것, 심지어 이는 뱃속부터
시작되어 태아의 언어 발달을 위한 뇌가 활발하게 활동한다는 연구 결과를 내놓았습니다.
캐나다 브리티시 컬럼비아대학 연구팀도 엄마 뱃속에서 두 가지 언어를 들은 아이는 태어
나자마자 두 언어에 모두 관심을 보이고, 두 언어가 다르다는 사실을 구별할 줄 안다는 연
구 결과를 〈심리과학(Psychological Science)〉지에 발표했습니다. 또 다른 연구 결과에 따르
면 엄마가 태아에게 말을 걸 때마다 심박수가 급격하게 올라간다고 합니다. 엄마의 목소리
에 태아의 뇌가 반응하는데 배만 쓰다듬고 있을 수 있나요? 오늘 이 순간부터 매일 10분씩
부드럽고 사랑스러운 목소리로 태아에게 영어와 우리말 두 언어로 말 걸기를 시작해 보시
면 좋겠습니다.

왜 엄마의 목소리로 들려주어야 하나요?

엄마 뱃속에서부터 싹 틔운 언어를 몸으로 익히는 힘은 여러 주변으로부터 자극을 받
아 순식간에 이뤄집니다. 그 중에서도 가장 큰 '소리 자극'은 뱃속에서부터 들은 목소리
의 주인공, 바로 엄마로부터 나옵니다. 아기와 교감하는 엄마의 특별한 목소리, 즉 모성어
(motherese)의 강력한 힘은 엄마 말투는 물론 사투리까지도 따라 익히는 아이들을 통해 볼

수 있지요. 엄마가 평소 아이에게 하는 말이나 사용하는 단어의 종류가 아이의 어휘 습득과 발달에 큰 영향을 끼친다는 결정적 증거입니다.

1999년에 현진이가 태어났습니다. 영어에는 자신이 있었지만 저 역시 엄마는 처음이었기 때문에 아이 영어 교육은 막막했어요. 특히 스피킹, 리스닝만큼은 정말 유창하게 해주고 싶었는데, 일을 하다 보니 함께 지낼 시간은 적고 현진이는 종일 우리말 소리바다에 둘러 쌓여 있어서 쉽지 않았습니다. 당시 열풍이던 조기 영어교육 지침서를 잔뜩 사서 보았고, 또래 엄마들도 모두 열심이었던 것으로 기억해요. 그리고 벌써 20년이 지났습니다. 그 동안 교육 지침서들은 더욱 많아졌지만 영어 교육에 쏟아 붓는 비용은 오히려 늘었습니다. 게다가 각종 강연을 다니며 실제로 어머니들을 만나보면 걱정들이 똑같습니다. 어머니들은 여전히 어떻게 해야 할지 모르겠다고 하고, 실천이 쉽지 않다고 말합니다.

"당신도 아이도 절대 잘못된 게 아니에요! 지극히 정상인 걸요!"

어느새 점수와 지수에 목을 매며 영어를 남보다 빨리 달려야 하는 전투적인 학문인 것처럼 오해하게 만들고, 이러이러한 시기에 어떤 교재를 '떼지' 않으면 큰일 나는 것처럼 되어 버린 각종 조언과 가이드가 난무하고 있습니다. 당신의 자녀가 상위 0.1%의 아이가 하는 것과 똑같이 하지 않으면 뒤처진 것인 양 겁을 주는 그 모든 책들과 국적 불명의 유행들이 이 땅의 엄마들을 아무 근거 없이 불안하게 만들고 있지요.

언어란, 즉 '말'이란, 다른 학문처럼 진도에 따라 수치적으로 학습하는 것이 아닙니다. 똑같은 다섯 살이라도 어떤 아이는 말이 늦될 수도 있고 어떤 아이는 빠를 수도 있고요. 옆집 철수는 블록 놀이를 좋아하는데 아랫집 영희는 색종이 오리기를 좋아하는 것처럼 아이마다 성격도 취향도 다 다른 법인데, 특히 언어가 그렇습니다. 아이의 특성과 발달 상황에 따라 저마다 다르고, 100명의 아이가 있으면 100명의 언어 발달 과정이 죄다 다르지요. 다른 아이와 같지 않다고 해서 '늦었다'거나 '저렇게 하지 않으면 큰일난다' 하는 비교를 해서는 안됩니다.

영어 교육 때문에 고통 받고 있는 엄마들, '내가 영어를 못하니 할 수 없지'하고 지레 포기하려는 아빠들, 0.1%의 아이를 기준으로 한 온갖 유행에 주눅든 대한민국의 모든 부모님들에게 이 책을 통해 용기를 드리고 싶습니다. 매일 10분만 투자한다면, 매일 10분만 아이에게 엄마·아빠의 다정한 목소리로 말을 걸어줄 수 있다면! 매일 반복해서 듣는 그 말들을 어느 순간부터 아이들이 입 밖으로 내게 됩니다.

아이가 처음 "Mommy!" 하고 나를 불러줄 때의 감동, 그리고 'milk'를 외치다가 어느 순간 문장으로 "Mommy, I want some milk."라고 말할 때까지 아이들의 귀는 엄마의 목소리를 기억하고 결국 입 밖으로 내뱉게 될 겁니다. 그 시간들이 쌓여 봇물 터지듯이 더 많은 영어가 튀어나오게 될 거예요. 엄마가 영어를 못한다고 기죽을 것 없습니다. 아이의 체질과 입맛은 엄마가 제일 잘 아는 것처럼, 당신 아이 입맛에 제일 잘 맞는 영어 공부 파트너가 되어줄 수 있는 사람은 다름 아닌 당신입니다. 아이와 함께 성장하고 함께 즐기는 가운데 입이 빵 터지고 귀가 뻥 트이는 엄마표 외국어의 세계에 지금부터 흠뻑 빠져봅시다! Let's go!!!!!!!

2021년 11월 저자 **박현영**

이중 언어 소리 환경이 왜 중요할까요?

언어를 배운다는 것은 단순히 단어를 외우고 나열하여 문장을 만드는 데 그치지 않고, 해당 언어의 소리와 의사소통의 맥락을 이해하고 그것을 적절히 사용하는 법을 익히는 모든 것을 아우릅니다. 성인에게 외국어 학습은 큰 도전이며, 어른이 되어 외국어를 배우면 여러 한계에 부딪친다는 것은 누구나 아는 사실입니다. 새로운 언어 소리를 익히기 어렵기 때문입니다. 또한 구조를 배우는 것이 어려워 오류를 범하거나, 단어의 미묘한 뜻을 몰라 종종 상황에 맞지 않는 말을 사용하기도 합니다.

그렇다면 아기들의 언어 습득에 대하여 생각해 봅시다. 만 3세 이전의 두뇌는 백지 상태이기 때문에 어른과 달리 엄청나게 많은 양의 정보를 집어넣을 수 있습니다. 보고 들은 것을 즉시 기억할 뿐만 아니라 몇 주 후, 몇 달 후에도 정확하게 기억할 수 있는 능력을 갖고 있습니다. 즉, 만 3세 이전은 기억의 방해 요소가 없는 '스펀지 시기', '뭐든지 스펀지처럼 뇌에 쑥쑥 흡수하는 시기'입니다. 따라서 태어날 때부터 영어와 우리말을 똑같이 들려주면 아기는 거부감이나 어려움 없이 두 언어를 받아들이게 됩니다. 이것은 전 세계 모든 아기들이 똑같이 갖고 태어나는 '신비한 언어 습득 장치'(LAD: Language Acquisition Device) 덕분입니다. 하지만 이런 신비의 '언어 습득 능력'은 만 3세가 지나면서 서서히 사라지기 때문에 그 이전에 두 언어를 풍부하게 경험할 수 있도록 하는 것, 즉 이중 언어 소리 환경을 조성할 것을 추천합니다.

아기들이 말을 하지 못한다고 해서 이중 언어 소리 환경을 경험할 수 없는 것이 아닙니다. 아이가 말이 트이지 않았을 때에도 아기들의 뇌는 주변에서 흡수하는 정보를 계속해서 처리합니다. 실제로 수많은 연구에서 신생아들이 언어에 관한 매우 정교한 지식을 얻는다는 사실이 증명되었습니다. 빠르면 보통 1년이 지나야 말을 시작하지만, 6개월 즈음에 이미 무시할 수 없는 많은 양의 단어를 비롯해 복잡한 언어 지식을 처리하는 능력을 가집니다. 두 언어의 충분한 소리 입력을 통해 뇌과학자들이 두뇌 발달의 결정적 시기라고 부르는 36개월까지의 골든 타임을 효과적으로 활용하시기를 바랍니다.

'이중 언어 소리 환경 만들기'를 실천하고자 하는 부모님들께 몇 가지 꼭 강조하고 싶은 것이 있습니다.

첫째, 되도록 빨리 시작하세요.

어느 언어든 초기의 대화 경험이 언어 능력의 중요한 바탕이 된다고 합니다. 아직 태어나지 않은 아기에게 따뜻하게 말을 건네는 연습으로 첫걸음을 내딛어 보세요. 영아기의 외국어 노출은 양쪽 뇌를 모두 자극하여 표현력이 풍부해지며, 스스로의 능력에 대한 자신감을 가질 수 있는 계기가 됩니다.

둘째, 아기의 성장 과정을 고려하여 자극을 주세요.

영아에게 학습을 유도하는 반복적인 입력은 소용이 없습니다. 아기의 관심사를 찾아 그에 맞추어 언어를 접목시키는 방법이 좋습니다. 아기의 발달 과정에 따라 아기에게 반복적으로 일어나는 상황이나 놀이에 맞추어 영어를 들려주면 더욱 좋은 효과를 기대할 수 있습니다.

셋째, 서툴러도 직접 말을 걸어 주세요.

세월이 지나도 변함 없는 부모님의 고민은 발음에 대한 걱정입니다. 그러나 서툴러도 사랑이 담긴 부모님의 음성을 따라갈 수 있는 것은 없습니다. 아기가 부모의 잘못된 발음으로 영어를 익히게 될까 하는 불안감은 내려 놓으세요. 앞으로 수없이 접하게 될 원어 미디어를 통하여 충분히 해결될 걱정입니다.

넷째, 자신감을 가지세요!

선배맘으로서 여러분께 가장 드리고 싶은 말씀이 이것입니다. 말도 못하는 아이에게 영어를 들려주냐며 유난스럽다고 생각하는 사람들도 있을 것입니다. 그러나 책 한권이 오롯이 아이에게 전달될 수 있도록 말 걸기를 습관화 하다 보면 언어뿐만 아니라 아이와의 관계가 더욱 끈끈해지는 기쁨을 경험할 수 있을 것입니다.

태아에서부터 36개월까지의 골든 타임, 나의 사랑스러운 아이에게 영어로 말을 걸어 주세요!

조기 영어교육 전문가이자 다개국어 언어 영재 맘 **박현영의 이중 언어 육아법**을 모두 담았습니다. 우리말과 영어를 자유롭게 구사하는 저자 본인의 언어 습득 경험과 딸에게도 전수된 **엄마표 언어 교육의 노하우**를 공개합니다!

임신 때부터 따라할 수 있는 **이중 언어 소리 환경 조성의 길잡이**를 제공합니다. 이중 언어 교육이 왜 필요한지에 대한 구체적인 이유와 자세한 실천 가이드를 통해 우리 언어 환경에서도 **모국어 습득과 유사한 방식으로 영어를 익힐 수 있도록** 제안합니다.

아기의 성장 발달에 맞추었습니다. 언어와 신체, 인지 수준이 폭발적으로 성장한다는 태어나서 36개월까지 아기의 성장 발달을 고려하여 시기별, 상황별로 엄마가 들려주며 영어 자극을 줄 수 있는 모든 말들을 담았습니다.

영어가 서툰 부모님도 쉽게 따라할 수 있는 **영어 교육 가이드**를 제시합니다. 아이의 발달에 맞추어 어떻게 자연스러운 영어 습득 환경을 꾸려줄 것인지, 영어 학습에 대한 부모님의 공통적인 **고민을 함께 해결**하고자 했습니다.

🗨 발달 시기별 이중 언어 소리 환경 포인트

태아와 아기의 발달 과정에 대한 간결한 설명과 그에 맞춘 월령별 이중 언어 소리 환경 조성 방법을 제안합니다. 상세한 실천 가이드를 통해 두 개의 언어 자극을 동시에 전달해 보세요.

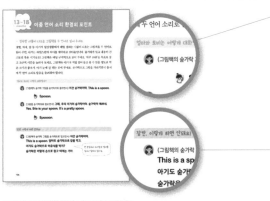

● **토비와 엄마는 어떻게 대화할까?**

아직 말이 채 트이지 않은 아기라도 여러가지 방법을 통하여 부모와 의사소통을 합니다. 아기의 비언어적 표현에 어떻게 반응하며 언어 자극을 이어갈 수 있을지 예시를 참고하여 실천해 보세요.

● **잠깐, 이렇게 하면 안돼요!**

아기에게 두 언어 말 걸기를 진행하며 무심코 저지를 수 있는 실수들을 모았습니다. 보다 효과적인 말 걸기 연습을 위해 꼭 읽어 보세요.

● **질문 있어요!**

많은 부모님들을 만나며 전문가로서 답변 드리고 싶었던 고민들을 해결 방법과 함께 담았습니다.

마법의 말 걸기

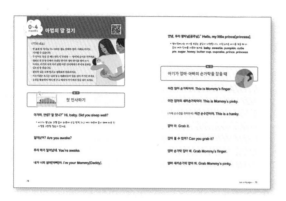

각 시기별, 상황별로 아기에게 두 언어 말 걸기를 실천할 수 있도록 분류하여 담았습니다. 발음에 자신이 없는 부모님은 MP3 음원을 활용하여 두 언어 말 걸기를 실제로 어떻게 진행하면 될지 꼭 미리 들어보시기 바랍니다.

● QR 코드 활용하기

휴대전화로 QR코드를 찍으면 두 가지 버전의 음원으로 영어 표현을 들을 수 있습니다.

❶ **일상 버전**: 배경음 없이 정확한 발음을 확인할 수 있습니다.
❷ **잠자리 버전**: 잔잔한 배경 음악과 함께 잠자리에서 활용할 수 있습니다.

● 상황별로 구분된 마법의 말 걸기

아기들은 특정 시기에 비슷한 일과와 놀이를 반복하게 되므로 그 중에서 특히 매일 사용할 수 있는 말들을 집중적으로 연습해 보시기를 추천합니다.

● MP3 파일 다운로드

QR코드를 찍거나 길벗스쿨 홈페이지(www.gilbutschool.co.kr)에서 도서명을 입력하세요. 자료실에서 MP3를 다운로드 받을 수 있습니다.

차례

Stage 1 . Talk to My Fetus
우리말과 영어로 태담을 들려줘요

Stage 1

Talk to My Fetus

우리말과 영어로 태담을 들려줘요

임신을 축하합니다. 이제 시작할 것은, 이중 언어 소리 태교!

이중 언어 소리 태교는 아기가 뱃속에 있을 때부터 태어나서 접하게 될 우리말과 영어를 미리 '소리'로 풍부히 경험하게 해주는 것입니다. 엄마·아빠가 '우리말과 영어' 순서대로 말을 걸어 주는 것이죠. 태아가 뱃속에서부터 10개월 동안 두 언어를 똑같이 듣는 것은, 태어나서도 영어를 우리말처럼 쉽고 빠르게 익히게 되는 아주 중요한 기초 공사가 됩니다.

이중 언어 소리 태교를 하기 전에 가져야 할 마음가짐

1   이중 언어 소리 태교는 언어 천재를 만들려는 조기 교육이 아니에요.

이중 언어 소리 태교는 아이에게는 우리말과 영어, 두 언어를 습득할 수 있는 토양을 깔아주는 것입니다. 엄마·아빠에게는 내 아이의 언어 습득을 돕는 습관을 들이는 워밍업입니다. 또한 이중 언어 소리 태교는 영어만 잘하도록 집중하는 것이 아니라, 우리말과 영어, 두 언어에 같은 비중을 두는 것입니다.

2   이중 언어 소리 태교는 뱃속 아기에게 소리를 가르치려는 것이 아니라 소리를 경험하게 하고, 소리를 통해 태아와 교감하는 것입니다.

뱃속 아기는 두 언어를 소리로 경험하면서 '아하, 우리말은 이런 소리가 나고 영어는 저런 소리가 나는 구나.'라고 스스로 느끼며 엄마와 즐거운 교감을 나누는 것이지요.

3   이중 언어 소리 태교는 엄마의 목소리로 실천되어야 해요.

이중 언어 소리 태교는 엄마가 영어를 잘하지 못한다 해도 전혀 문제가 되지 않아요. 태아는 주로 청력을 통해 뇌의 발달이 이루어지기 때문에 뱃속에서 자주 듣던 태내음과 엄마 목소리를 정확하게 기억해요. 따라서 엄마가 들려주었던 태담, 노래, 이야기들을 태아는 엄마의 한 부분으로 인식하고 기억합니다.

4 **이중 언어 소리 태교는 뱃속의 아기뿐만 아니라 엄마도 함께 즐겨야 해요.**

태아는 엄마의 느낌이나 생각까지도 전달받기 때문에 엄마가 적극적으로 신나게 즐겨야 태아도 신나게 배웁니다. '영어의 소리'를 뱃속 아기와 함께 즐겁게 듣는다는 생각으로 임해야 효과가 크답니다.

5 **이중 언어 소리 태교는 아빠의 절대적인 참여가 중요해요.**

태아는 양수 안에서 엄마의 고음보다 아빠의 저음을 훨씬 더 선명하게 알아듣기 때문이죠. 또한, 태아 곁에 늘 있는 존재인 엄마와는 달리, 아빠는 태아에게 주기적으로 말을 걸어 줘야 아이에게 아빠의 존재가 만들어지기 때문입니다.

6 **이중 언어 소리 태교는 태아의 발달 단계에 맞게 이루어져야 해요.**

태아의 성장 단계별 청각 발달에 맞게 태아가 들을 수 있는 적당한 양과 질의 소리 태교를 해야 합니다. 부담 없는 동요, 동화책, 기초 회화 음원 정도면 충분하며, 짧은 시간 자주 태아에게 소리를 들려 주세요.

7 **이중 언어 소리 태교는 출산 후에도 지속적으로 이어져야 해요.**

태아는 이미 엄마 뱃속에서부터 엄청난 언어 능력을 갖고 태어나므로, 그 능력을 얼마나 지속적으로 개발시켜 주느냐가 중요합니다.

자, 이제 목을 가다듬고 아기에게 처음으로
우리말과 영어, 두 언어로 말을 걸어 볼까요?

0~16 weeks 엄마의 변화

- 자궁은 달걀 크기 정도에서 아이 머리 크기 정도까지 커집니다.
- 개인차는 있지만 다양한 입덧 증상이 나타났다가 서서히 사라집니다.
- 아직 안정기가 아니니 심리적, 신체적 안정을 취해야 합니다.

0~8 weeks 태아의 변화

- **신장, 체중**

신장 약 2.5cm

체중 약 4g

- **기관 발달**

뇌와 신경 세포의 80%가 분화된다.

- **청각 능력**

아직 아무 소리도 들을 수 없다.

9~16 weeks 태아의 변화

- **신장, 체중**

신장 8cm

체중 30g

- **기관 발달**

눈, 코, 손가락, 발가락이 생기기 시작한다.

- **청각 능력**

두뇌가 급성장 하여 소리를 듣고 기억하기 시작한다.

실제음보다 저음으로 듣는다.

소리를 들을 수는 있지만 정확하게 기억할 수는 없다.

이중 언어 소리 환경의 포인트

♥ **임신 확인과 동시에 이중 언어 소리 태교 계획을 세웁니다.**

태아가 엄마 뱃속에 있는 10개월 동안 엄마·아빠와 태아는 소리로 교감하며 관계를 맺어감과 동시에 우리말과 영어, 두 언어 습득에 대한 토양을 다질 수 있습니다. 태아의 성장 단계와 엄마의 임신 기간을 고려하여 어떻게 엄마·아빠가 두 언어를 태아에게 들려줄지 계획을 세우는 것은 중요한 첫 단추를 끼우는 것임을 잊지 마세요.

♥ **내가 실천할 수 있는 정도와 시간을 정해 보세요.**

임신 초기에는 무리하지 않는 것이 가장 중요합니다. 밖에서 일을 하는 엄마든, 가사를 돌보는 엄마든 체력이 허락하는 내에서 꾸준히 실행할 수 있는 최소한의 계획을 세워 보세요.

♥ **태아의 청각 발달 단계에 따라 이중 언어 소리 태교 계획을 세우세요.**

태아가 본격적으로 소리를 들을 수 있는 12 weeks부터 차근차근 소리를 들려주기 시작합니다. 태교도 '타이밍'임을 기억하세요.

♥ **태아와 신생아의 눈높이에 맞추어 태교 보조 교재를 준비하세요.**

태교의 눈높이 기준은 엄마가 아니라 '태아 혹은 태어날 신생아'임을 기억하세요. 쉽고 간단한 그림책이나 그림 단어 카드면 충분합니다. 영상이나 음원은 가급적 피하세요. 엄마 목소리가 아닌 타인의 목소리나 기계음은 효과가 떨어집니다.

♥ 간단한 인사말로 태아에게 말을 걸어 보세요.

간단한 인사말이나 엄마의 기쁨, 즐거움을 알리는 내용이면 좋습니다. 우리말로 먼저, 영어로 이어서 같은 내용으로 말을 걸면 됩니다.

🎵 마법의 말 걸기 1-1, 1-2, 1-3 (p.30)을 참고하세요.

♥ 부드러운 팝송이나 자장가를 태아와 함께 들어요.

가사 내용이 좋고 멜로디가 부드러운 팝송이나 자장가를 들으면 엄마가 심리적인 안정을 찾을 수 있습니다. 엄마의 안정은 곧 태아의 안정이지요. 팝송을 들을 때 가사의 뜻도 파악해 가며 들으면 감동도 이해도 배가될 수 있어요.

🎵 마법의 말 걸기 1-4 (p.33)를 참고하세요.

태교 계획을 세우고 있는데, 도대체 어떤 교재로 태아에게 영어를 들려줘야 할지 막막해요. 서점에 가 보았더니 태교 동화나 태교 영어 회화책이 많이 나와 있던데 너무 어렵고 부담스럽더라구요.

태교 영어교재는 무조건 쉽고, 간단하고, 재미있어야 합니다. 물론 엄마 개인마다 영어 실력에 차이가 있겠지만 태아 수준에 맞춰 가장 쉬운 책이나 자료를 골라 부담 없이 즐기면서 10개월 동안 꾸준히 들려주는 것이 가장 중요합니다. 몇 가지 유용한 교재와 자료를 추천합니다.

그림책 & 스토리 음원

그림책은 우리말과 영어, 두 가지 버전이 다 구비된 것이 좋습니다. 우리말 책을 먼저 읽어 준 후, 영어 책을 읽거나 영어 스토리 음원을 들으면 굳이 해석할 필요 없이 쉽게 이해할 수 있기 때문이죠. 요즘에는 한글과 영어를 한 권에서 합본으로 제공하는 한영 이중 언어 도서들도 어렵지 않게 찾을 수 있고, 영어권 어린이들이 많이 읽는 원서 그림책이 국내에 많이 수입되고 있기 때문에 한글 번역 도서와 함께 구하기가 쉽습니다. '웬디북', '동방북스' 등 원서를 주로 취급하는 온라인 서점이나 '교보문고', 'YES24', '알라딘' 등의 온라인 서점의 그림책 베스트셀러 목록을 활용하면 실패가 적습니다. 또한 엄마들에게도 친숙한 디즈니, 이솝 우화, 안데르센 동화 등도 좋습니다. 이렇게 엄마에게도 재미있는 것으로 고르되, 임신 기간 동안 4~5편의 이야기를 반복해서 읽어 주는 것이 좋습니다. 그림책은 글씨가 크고 쪽 당 한 두 문장으로 구성된 것이 좋고, 문장의 내용과 그림이 일치해야 합니다. 음원을 함께 제공하는 책이라면 더욱 좋고, 그렇지 않은 경우 유튜브(https://www.youtube.com/) 검색창에 책의 영어 제목에 'read aloud'를 붙여 검색하시면 영어권 원어민들이 읽은 그림책의 음원을 어렵지 않게 찾을 수 있답니다. 음원을 꼭 활용해 보세요.

그림 단어 카드

그림은 선명하고, 글씨는 크고 진해야 좋아요. 특히 아기가 태어나서 매일 접하게 될 사물의 그림이 많이 제시되어 있는 것이 좋습니다. 국내 출판사에서 제작한 한글, 영어가 함께 쓰여 있는 그림 단어 카드를 활용하세요.

한글 차트, 알파벳 차트

정확한 기초 발음 체계를 갖게 하기 위해 꼭 필요합니다. 거실이나 침실 벽 등 눈에 잘 띄는 곳에 붙여 두고 수시로 태아에게 소리 내어 신나게 읽어 주세요.

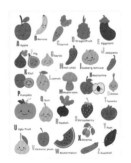

질문있어요!

태아가 8주가 되기 전에 굳이 태담을 시작할 필요가 있을까요? 태아가 아직 청각기능도 제대로 갖추고 있지 않으니 듣지도 못하잖아요.

태아가 엄마 뱃속에 자리잡기 시작한 순간부터 엄마와 태아가 대화하는 연습을 하면, 태아가 8주쯤이 되어 소리를 들을 수 있게 되었을 때 서로 훨씬 더 자연스럽지 않을까요? 엄마에게도 태담이 즐거워야 출산 전까지 꾸준히 할 수 있으므로 최대한 빨리 시작하면 좋습니다. 태아에게 "안녕, 아가야. Hello, baby."와 같이 두 언어로 쉽고 간단한 인사말을 건네 보세요.

질문있어요!

태교 음악으로 클래식 음악이 좋다고들 하지만, 저는 제가 좋아하는 팝송을 듣는 것이 더 편하고 좋아요. 태교에 좋은 팝송이 있다면 추천 부탁드립니다. 어떤 식으로 들려주면 좋을지도 알려 주세요.

맞아요, 엄마가 태교를 위해 억지로 클래식 음악을 듣는 것 보다 엄마가 원래 즐겨 듣던 음악을 듣는 것이 훨씬 더 효과적입니다. 그런 의미에서 팝송도 훌륭한 태교음악입니다. 아름다운 멜로디, 쉽게 익힐 수 있는 어휘로 이루어진 가사, 귀에 쏙쏙 박히는 반복적인 운율 등을 통해서 즐거운 영어 공부를 할 수 있기 때문입니다. 이왕이면 엄마와 태아의 정서에 도움을 줄 수 있는 아름다운 가사의 팝송을 듣는 것이 좋겠지요.

★ 팝송을 감상할 때는 이렇게 해 보세요.

1 가사를 보지 않고 처음부터 끝까지 듣는다. 들을 땐 감동을 팍팍 받아가며!
2 어느 정도 노래가 귀에 익숙해지면 영어 가사만 보면서 듣는다.
3 노래를 들으며 가사를 보고 따라 부른다.
4 어느 정도 가사가 입에 붙으면, 노래를 들으며 눈으로 해석을 읽어 내려간다.

5 가사의 뜻을 파악했으면, 가사를 보며 노래를 따라 부른다.

6 가사 중에 여전히 이해가 되지 않는 단어가 있다면, 그것만 사전을 찾아 뜻을 파악한다.

7 가사를 보지 않고 귀로만 듣고 뜻을 음미하며 같이 따라 부른다.

박현영 쌤이 추천하는 팝송

Michelle(미셸) - Beatles

Do-re-mi Song(도레미송) - The Sound of Music OST

Can't Help Falling In Love(사랑에 빠질 수밖에 없어요) - UB40

Sunshine On My Shoulder(어깨 위로 비추는 햇살) - John Denver

Sunny(햇살 가득한) - Boney M

Love Me Tender(날 부드럽게 사랑해 줘요) - Elvis Presley

Evergreen(상록수) - Susan Jacks

You're My Everything(넌 나의 모든 것) - Santa Esmeralda

Edelweiss(에델바이스) - The Sound of Music OST

Perhaps Love(사랑이란) - Placido Domingo & John Denver

Sleeping Child(잠자는 아기) - Michael Learns to Rock

You'll Be In My Heart(아가야, 넌 언제나 엄마 마음 속에 있을 거란다) - Phil Collins

I Just Called To Say I Love You(사랑한다고 말하려 전화했어요) - Stevie Wonder

The Power Of Love(사랑의 힘) - Celine Dionne

More Than Words(사랑한다는 말보다 더 깊은 것) - Extreme

You Are Not Alone(넌 혼자가 아니야) - Michael Jackson

Will You Be There(언제까지나 내 곁에 있어 주겠니?) - Michael Jackson

To Be With You(너와 함께 있는 것) - Mr. Big

Beautiful Sunday(아름다운 일요일) - Daniel Boone

Can You Feel The Love Tonight(오늘 밤 사랑을 느낄 수 있나요?) - Elton John

Top Of The World(세상의 꼭대기에 서서) - Carpenters

Now And Forever(지금 그리고 영원히) - Richard Marx

Vincent(빈센트) - Don Mclean

A Whole New World(새로운 세상) - Peabo Bryson & Regina Bell

When I Dream(내가 꿈을 꾸면) - Carol Kidd

I Will(당신을 영원히 사랑할게요) - Beatles

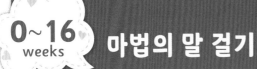

0~16 weeks 마법의 말 걸기

기억하세요!

- 매일 규칙적으로 두 언어로 말을 걸어요.
- 우리말 먼저, 영어로 이어서 말을 걸어요.
- 저음으로 부드럽게 말을 걸어요.
- 감정을 살려서 실감나게 말을 걸어요.
- 배를 쓰다듬으면서 말을 걸어요.
- 음원을 활용하여 여러 번 듣고 따라서 태아에게 말을 걸어 보세요.

---

1 - 1

소개하기 / 인사하기

아가야. Baby. / Sweetie. / Honey. / Cutie.

안녕, 아가야. 난 너의 엄마야. Hi, baby. I'm your mommy.

안녕, 아가야, 난 너의 아빠야. Hi, baby. I'm your daddy.

만나서 반갑다. Nice to meet you.

만나서 정말 반갑다. I'm so happy to meet you.

오빠(형)에게 인사해. Say hello to your big brother.

언니(누나)에게 인사해. Say hello to your big sister.

(첫째 아이에게 말 걸기) 남[여]동생에게 인사해. Say hello to your little brother[sister].

엄마는 지니야. Your mommy is Jinny.

아빠는 조이야. Your daddy is Joy.

오빠(형)는 해리야. Your big brother is Harry.

누나(언니)는 토비야. Your big sister is Toby.

1 - 2
태담 시작하기

엄마는 항상 너에게 우리말과 영어로 말을 걸 거야. I'll always speak in Korean and English to you.

좋은 말만 많이 해 줄게. I'll only talk about good things.

엄마는 너에게 노래도 불러 줄 거야. I'll sing to you.

엄마는 너에게 동화책도 많이 읽어 줄 거야. I'm going to read you a lot of books.

1 · 3
엄마의 기쁨을 아기에게 전하기

내가 너를 임신했단다. I'm pregnant* with you.

* pregnant 임신한

엄마가 임신 7주래.* I'm 7 weeks along.

* 임신 기간의 영어식 표현은 아기에게 기준을 두지 않고 임신한 엄마에게 기준을 두어 말합니다.

내가 엄마가 되는 거란다. I'm going to be a mommy.

엄마는 너를 갖게 되어 기쁘단다. I'm so happy to have you.

너도 기쁘지? Are you happy, too?

엄마는 너를 빨리 보고 싶단다. I can't wait to see you.

1·4

음악 감상하기

우리 음악 듣자. Let's listen to music.

뭘 들을까? What shall we listen to?

클래식 음악은 어때? How about classical music?

팝송은 어때? How about pop music?

엄마는 팝송을 좋아한단다. Mommy loves pop music.

흥겹고 신나는 음악은 어때? How about something upbeat[*]?

• upbeat 긍정적인

차분하고 조용한 음악은 어때? How about something soothing?

이건 내가 제일 좋아하는 노래야. This is my favorite song.

이건 비틀즈의 'Yesterday'야. This is "Yesterday" by the Beatles.

존 덴버의 'Today'는 어때? How about "Today" by John Denver?

예전에 이 노래를 즐겨 듣곤 했지. I used to° love this song.

　• used to V ~하곤 했다

이 노래는 별로네. This song is not that good.

아가야, 잘 들어 봐. Listen carefully, baby.

이건 바이올린 소리야. This is the sound of a violin.

너도 분명 좋아할 거야. I'm sure you'll like it, too.

카펜터즈의 'Sing'을 틀어줄게. I'll play "Sing" by the Carpenters.

정말 좋지? Isn't it beautiful?

정말 아름다운 노래다. What a beautiful song!

같이 불러 보자. Let's sing it together.

엄마가 노래 불러 줄게. 들어 봐. I'll sing a song for you. Listen, baby.

너무 시끄럽니? Is it too loud?

소리가 잘 안 들리니? Is it hard to hear?

클래식 음악을 듣자. Let's listen to classical music.

볼륨을 줄일까? Shall I turn it down?

볼륨을 높일까? Shall I turn it up?

17~32 weeks

태동으로 교감하며
두 언어로 말 걸기

17~32 weeks 엄마의 변화

- 아랫배가 커지면서 복통이나 요통을 느끼기도 합니다.
- 배가 불러오면서 위가 압박되고 가슴이 답답하고 숨이 찹니다.
- 약 19주부터는 태동이 본격적으로 시작됩니다.

17~24 weeks 태아의 변화

● **신장, 체중**

신장 약 24~28cm
체중 약 600~700g

● **기관 발달**

뇌가 급격히 발달한다.
몸에 솜털이 나고, 손톱·발톱이 자란다.

● **청각 능력**

다양한 소리를 듣고 구분하며, 반응하기도 한다.
언어를 구분하여 듣기 시작한다.

25~32 weeks 태아의 변화

● **신장, 체중**

신장 28~30cm
체중 1,000g~1,500g

● **기관 발달**

폐가 발달하며 호흡을 연습한다.
손가락을 빤다.

● **청각 능력**

바깥 소리를 듣고 기억하기 시작한다.
좋아하는 소리와 싫어하는 소리를 구분하여 듣는다.
엄마 목소리를 듣고 엄마의 기분이나 감정을 느낀다.

이중 언어 소리 환경의 포인트

♥ **아빠가 엄마의 배를 쓰다듬으며** 부드러운 음성으로 태담을 나누세요.

태아는 아빠의 저음 목소리를 엄마 목소리보다 더 또렷하게 잘 듣는답니다. 아기가 엄마 뱃속에 있을 때부터 아빠가 자주 말을 걸어 주어야 아기에게 아빠의 존재가 친근하고 다정하게 만들어지겠지요.

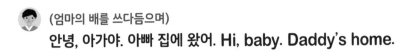

어떻게 대화할까?

(엄마의 배를 쓰다듬으며)
안녕, 아가야. 아빠 집에 왔어. Hi, baby. Daddy's home.

(배를 쓰다듬으며)
아빠한테 인사해야지. Say 'Hi' to Daddy.

♥ **태동을 느끼면, 곧바로 반응하여** 말을 걸어 주세요.

어떻게 대화할까?

우리 아기 발차기 하는구나? Oh, you're kicking?

(태동) **쿵쿵**

(배를 쓰다듬으며) **네가 발차기 하는 게 느껴져. 심심해? I can feel you kicking. Are you bored?**

🎙 마법의 말 걸기 2-1 (p.44)을 참고하세요.

♥ 태동으로 교감하며 대화를 주고 받는 연습을 하세요.

어떻게 대화할까?

(배를 쓰다듬으며) 안녕, 잘 잤니? Good morning, baby!

(태동) 쿵쿵

아~ 배고파? Oh~ Are you hungry?

(태동) 쿵쿵

(배를 토닥거리며) 알았어, 뭐 먹을까? OK, what shall we eat?

♥ 매일 그림 단어 카드 15~20개를 두 언어로 반복해서 읽어 주세요.

어떻게 대화할까?

(그림을 가리키면서) 이건 사과야. This is an apple.

(그림을 가리키면서) 이건 공이야. This is a ball.

(단어 카드를 꺼내며) 아가야, 이건 뭘까? 이건 의자야! Baby, what's this? This is a chair!

(박수 치며) 잘했어! Very good!

🐘 마법의 말 걸기 2-2 (p.45)를 참고하세요.

♥ 반복적으로 동요를 들려주세요.

이 시기 태아에게는 반복적으로 소리를 들려주면서 언어를 귀에 익히게 하는 것이 중요해요. 여러 번 반복해서 들어도 질리지 않는 음악이 가장 좋은 소리 태교이지요. 엄마가 이미 알고 있는 동요를 두 언어로 신나게 따라 부르면 태아도 멜로디와 두 언어를 기억하게 됩니다.

엄마가 태아에게 불러 주세요. : 동요

♫ 머리, 어깨, 무릎, 발

머리, 어깨, 무릎, 발, 무릎, 발.

머리, 어깨, 무릎, 발, 무릎, 발.

그리고 눈, 귀, 입, 코.

머리, 어깨, 무릎, 발, 무릎, 발.

Head, shoulders, knees, and toes, knees and toes.

Head, shoulders, knees, and toes, knees and toes.

And eyes and ears and mouth and nose.

Head, shoulders, knees, and toes, knees and toes.

♫ 거미가 줄을 타고 올라갑니다

거미가 줄을 타고 올라갑니다.

비가 오면 끊어집니다.

해님이 방긋 솟아오르면

거미가 줄을 타고 내려옵니다.

The itsy bitsy spider climbed up the water spout

Down came the rain and wash the spider out

Out came the sun and dried up all the rain

And the itsy bitsy spider climbed up the spout again

🔊 마법의 말 걸기 2-3 (p.46)을 참고하세요.

♥ 두 언어로 '킥 게임'을 하세요.

32주차에 접어들면 태동이 분명하게 느껴지므로 엄마와 태아의 상호 소통이 가능합니다. 태아가 태동으로 신호를 보내면, 엄마가 배를 쓰다듬거나 손가락으로 톡톡 치면서 태아의 태동을 유도할 수도 있어요. 이것을 '킥 게임(kick game)'이라고 해요. 킥 게임은 태아가 엄마의 말을 알아듣고 반응하는 것을 확인할 수 있기에 신기하고 흥미로운 언어 태교입니다.

어떻게 대화할까?

😊 (배를 쓰다듬으며) **깨어 있니? Are you awake?**

👶 (태동) **쿵쿵**

😊 **오, 네가 움직이는 게 느껴져. Oh, I can feel you moving.**

👶 (더 강하게 태동) **쿵쿵쿵**

😊 (손가락으로 배 어느 한 곳을 톡톡 치며) **엄마 목소리 들리면 여기 좀 톡톡 차 볼래? If you hear me, give me a little kick.**

👶 (태동으로 반응) **쿵쿵**

😊 **잘한다! 톡톡 차 보렴. Good! Kick, kick. Give me a little kick.**

🔊 마법의 말 걸기 2-4 (p.47)를 참고하세요.

♥ 한글 동화책은 엄마·아빠가 읽어 주고, 영어 동화책은 원어민이 녹음한 음원으로 들려주세요.

영어 발음에 자신이 없는 엄마·아빠도 괜찮습니다. 같은 내용으로 우리말, 영어 두 버전의 동화책을 준비해서 아이에게 읽어 주세요. 영어로 읽기 어려운 경우에는 책에서 제공하는 음원이나 유튜브에서 검색한 음원을 활용하세요.

🐞 마법의 말 걸기 2-5 (p.48)를 참고하세요.

20주부터는 왜 배를 쓰다듬으면서 태담을 하는 것이 이중 언어 습득에 좋은가요?

태아는 20주부터 오감이나 기억력과 관계된 뇌가 급격히 성장합니다. 생후 1살 된 아기와 비슷할 만큼 촉각이 발달합니다. 엄마가 여름에 찬물로 목욕을 하면 뱃속 아기가 몸을 심하게 웅크려서 엄마 배가 단단히 뭉치게 되는 것이죠. 따라서 엄마가 배를 쓰다듬으며 태담을 하면 태아의 오감이 더 발달하게 됩니다. 이는 뇌에 자극을 주어 언어능력도 자연스레 발달하게 되지요. 추천합니다.

'반복적으로 들려주는 소리'를 통해 태아의 언어발달이 향상된다고 하셨는데, 정말 태아가 반복해서 들은 것을 기억할까요?

태아는 반복적으로 들은 것을 가장 친숙하게 느끼고 확실하게 기억합니다. 16주 정도가 되면 아기의 뇌에 소리를 기억하는 '해마'라는 부분이 만들어져서 반복해서 들은 소리를 완벽하게 기억하는 역할을 합니다. 해마에 모든 감각 정보가 모여 '잊어도 되는 것'과 '기억해야 하는 것' 등이 추려져 선택적으로 기억하게 됩니다. 그래서 가장 자주 들리는 엄마 목소리를 기억하여 입력하게 되는 것이죠. 태아가 기억을 할 수 있다는 것은 교육이 가능하다는 것이겠지요. 언어 교육은 반복을 통해서만 가능하다는 것을 잊지 마세요.

마법의 말 걸기

기억하세요!

- 매일 규칙적으로 두 언어로 말을 걸어요.
- 우리말 먼저, 영어로 이어서 말을 걸어요.
- 저음으로 부드럽게 말을 걸어요.
- 감정을 살려서 실감나게 말을 걸어요.
- 배를 쓰다듬으면서 말을 걸어요.
- 음원을 활용하여 여러 번 듣고 따라서 태아에게 말을 걸어 보세요.

2 - 1

태동 느끼기

우리 아기가 움직이는 게 느껴지네. I can feel you moving.

엄마가 쓰다듬는 게 느껴지니? Can you feel Mommy touching you?

엄마 소리 들리니? Can you hear me?

우리 아기 발차기 하는구나. Oh, you're kicking.

와, 힘 세네. Wow, you're strong.

이쪽으로 한 번 와 볼래? Can you move over here?

2-2

그림 단어 카드를 읽어 주기

이 그림 좀 봐. Look at this picture.

이건 사과야. This is an apple.

빨간 사과야. 맛있겠다. It's a red apple. It looks good.

아가야, 이건 뭘까? 이건 의자야. Baby, what's this? This is a chair.

이 단어 기억나니? Do you remember this word?

동요·자장가 듣기

우리 동요를 들어보자. Let's listen to a Korean children's song.

이건 '작은 별'이라는 노래야. This song is "Twinkle Twinkle Little Star."

별은 영어로 'star'라고 해. In English, '별' is 'star.'

우리말로 불러 보자. Let's sing it in Korean.

이번엔 영어로 불러 보자. Now, let's sing it in English.

자장가 듣자. Let's listen to a lullaby.

엄마가 자장가 불러 줄게. I'll sing you a lullaby.

엄마 노래 잘 부르는 것 같니? Do you think I'm a good singer?

마음이 편안해지니? Do you feel cozy now?

코 자자. Go to sleep now.

킥 게임 하기

우리 킥 게임 하자. Let's play a kick game.

엄마 목소리 들리니? Can you hear Mommy?

들리면 여기 좀 툭툭 차 볼래? If you can, give me a little kick right here.

네가 느껴져. I can feel you.

잘한다. 툭툭 차 봐. Good! Boom, boom. Give me a little kick.

잘 안 느껴지는데, 좀 더 세게 차 볼래? I can't feel it. Can you kick harder?

이번엔 여기를 툭툭 차 볼래? Now, can you kick over here?
Boom, boom!

다시 한 번 해 보자. Let's do it again.

2 - 5
동화책 읽기

이야기 들을 시간이야. It's story time.

준비 됐니? Are you ready?

밤비 이야기를 들려줄게. I'll read you a story about Bambi.

잘 들어 봐. Listen carefully.

먼저 우리말로 읽어 줄게. First, I'll read it in Korean.

이번엔 영어로 읽어 보자. Now, let's read it in English.

어때? How is it?

재미있니? Is it interesting?

좋았다고? 나도 그렇게 생각해. It's good? I think so, too.

별로라고? Not so good?

다른 이야기 읽어 줄까? Do you want a different story?

오늘은 여기까지. That's it for today.

다 읽었다! All done!

즐겁게 들었어? Did you enjoy that?

엄마도 즐거웠어. I enjoyed it, too.

33~40 weeks

두 언어로
칭찬과 격려하기

33~40 weeks 엄마의 변화

- 30초 정도 지속되는 자궁수축이 잦아 지고, 소변을 자주 봅니다.
- 태아의 머리가 엄마의 골반 아래로 내 려오면서 태동이 약하게 느껴집니다.
- 아랫배가 당기는 느낌이 들거나 통증 이 오기도 합니다.
- 자궁이 유연해지고 분비물이 많아집니 다.

33~40 weeks 태아의 변화

- **신장, 체중**

신장 27~35cm
체중 2.3~3.2kg

- **기관 발달**

피부가 부드러워지고, 손톱이 길어진다.
모든 기관이 완전히 성숙한다.
자극에 대해 오감으로 반응한다.

- **청각 능력**

노래를 불어주면 태아도 즐거운 감정을 느낀다.
밖에서 들려오는 다양한 소리를 알아듣 고 반응한다.
엄마의 목소리 상태에 따라 다양한 감정 을 느낀다.

33~40 weeks
이중 언어 소리 환경의 포인트

♥ **아빠는 태아에게 칭찬과 격려의 말을 우리말과 영어로 자주 해 주세요.**

출산일이 다가오면서 엄마가 느끼는 불안감이나 스트레스를 태아도 고스란히 느낍니다. 아빠는 엄마와 태아를 위해 칭찬과 격려의 말을 많이 해 주셔야 해요. 매일 저녁 특정 시간에 태아에게 말을 걸어 주거나 이야기책을 읽어 주세요.

어떻게 대화할까?

(엄마 배를 쓰다듬으며) 우리 아기 잘 있었어? How are you, my baby?

조금 걱정 돼. I'm a little worried.

걱정 마, 다 잘 될거야. Don't worry. Everything will be OK.

기분이 훨씬 나아졌네. I fell much better now.

좋았어! 할 수 있어! Good! You can do it!

🔊 마법의 말 걸기 3-1, 3-2 (p.57)를 참고하세요.

♥ **그간 태아에게 들려주었던 것들을 반복해서 읽어 주세요.**

무언가 새로운 것을 읽거나 들려주기 보다는 태교 시작 때부터 지금까지 들었던 것들을 정리하며 다시 읽고 들려주세요. 반드시 두 언어로 읽어 주어야 함을 잊지 마세요. 반복을 통해 태아의 기억 속에 선명하게 남아서 태어나서도 그 소리들에 민감하게 반응하고 수월하게 습득할 것입니다.

🔊 마법의 말 걸기 3-3 (p.59)을 참고하세요.

♥ 아기에게 불러 줄 **자장가를 미리 두 언어로 연습해** 두세요.

출생 후 아기에게 가장 많이 불러 줄 노래는 자장가입니다. 출생 후 아기는 새로운 환경에 적응하느라 정서적으로 많이 불안할 것인데, 10개월 동안 가장 많이 들었던 엄마 목소리로 불러 주는 자장가는 가장 큰 위로와 안정을 줄 것입니다. 엄마가 두 언어로 자장가를 불러 준다면 아기가 두 언어에 친숙함을 느낄 수 있을 거예요. 언어를 '엄마 소리의 일부분'으로 받아들일 것입니다.

엄마가 태아에게 불러 주세요. : 자장가

🎵 작은 별

반짝반짝 작은 별

아름답게 비치네.

동쪽 하늘에서도 서쪽 하늘에서도

반짝반짝 작은 별

아름답게 비치네.

Twinkle twinkle little star

Shining brightly in the sky.

It is shining in the east.

It is shining in the west.

Twinkle twinkle little star

Shining brightly in the sky.

🎵 비야, 비야, 오지마

비야, 비야, 오지마.

다른 날 다시 오렴.

토비는 놀고 싶어.

비야, 비야, 오지마

Rain, rain, go away.

Come again another day.

Little Toby wants to play.

Rain, rain, go away.

🎵 나는 작고 뚱뚱한 주전자

나는 작고 뚱뚱한 주전자.

손잡이 있고, 주둥이 있죠.

보글보글 물이 끓으면,

쭉 기울여 따라 주세요.

I'm a little teapot, short and stout.

Here is my handle, here is my spout.

When I get all steamed up here me shout,

Just tip me over and pour me out.

🎵 달

달 달 무슨 달

쟁반같이 둥근 달

어디 어디 떴나

남산 위에 떴지

Moon moon what moon?

Round just like a little tray.

Wonder where it is now.

It is over Namsan.

♥ **출생 후에 아기가 접할 이중 언어 환경을 미리 준비해 두세요.**

영어동요 음원, 스토리 음원, 그림책, 한글 차트, 알파벳 차트, 그림 단어 카드, 흑백 모빌, 칼라 모빌 등을 준비하여 집안 곳곳을 시각적·청각적으로 다양하게 꾸며두세요. 아기는 자연스럽게 이중 언어 환경에 스며들게 될 것입니다.

뱃속 아기가 어떻게 우리말과 영어 둘 다를 알아듣고, 두 언어를 구분할 수 있는지 궁금해요. 정말 태아에게 영어를 꾸준히 들려준다면 우리말처럼 똑같이 알아듣게 되는 건가요?

태아의 뇌는 청력을 통해 90%가 발달하기 때문에 뱃속에서 자주 듣던 태내음과 엄마 목소리를 뇌의 기억장치에 저장하여 태어납니다. 또한 태아는 여러 언어를 다 받아들이며 언어별로 구분할 수 있는 능력도 뱃속에서부터 갖고 있습니다. 그래서 언어 습득 과정은 자궁에서부터 시작된다고 하지요. 태아는 임신 후반기에 접어들면서 청각이 매우 발달하여 여러 가지 음소를 구분하여 들을 수 있는 능력이 생깁니다. 즉, 여러 언어를 구분하여 들을 수 있다는 뜻이지요. 이를 '다중 언어 습득 능력'이라고도 합니다. 뱃속에서 매일 영어를 들어왔다면 영어를 '외국어'로 인식하지 않고 '엄마 소리의 일부'로 받아들입니다. 갓 태어난 신생아는 지구상의 모든 언어를 구분하는 능력을 갖고 태어나지만 안타깝게도 그 능력은 생후 1년이 지나면서 서서히 사라집니다.

임신 후반기에 태아는 듣기 좋은 소리와 듣기 싫은 소리를 구분할 수 있다고 하셨는데, 그 정도의 지각 능력이 태아에게 있을 수 있나요?

태아는 32주부터는 신생아와 비슷할 정도로 뇌가 발달된 상태이고, 엄마 배의 내벽이 얇아져 외부 소리도 매우 뚜렷하게 듣게 됩니다. 이로 인해 청각도 매우 민감해져서 소리의 리듬, 높낮이, 강약뿐만 아니라 내용까지도 구별할 수 있습니다. 그렇기 때문에 태아는 소리에 대한 막연한 반응이 아니라 자신의 느낌을 반영한 태동으로 반응합니다. 이 시기 태아는 소리를 구분하고 기억하기에, 우리말과 영어를 많이 들려주는 것이 좋습니다.

33~40 weeks 마법의 말 걸기

기억하세요!

매일 규칙적으로 두 언어로 말을 걸어요.

우리말 먼저, 영어로 이어서 말을 걸어요.

저음으로 부드럽게 말을 걸어요.

감정을 살려서 실감나게 말을 걸어요.

배를 쓰다듬으면서 말을 걸어요.

음원을 활용하여 여러 번 듣고 따라서 태아에게 말을 걸어 보세요.

3-1 임신 후반기에 말 걸기

이제 얼마 안 남았구나. It's almost time.

예정일이 다가오네. My due date is coming.

열흘 남았다. We have 10 days to go.

출산 준비 끝! I'm all set.

우리 곧 만나자. See you soon.

내일 만나자. See you tomorrow.

칭찬하기

엄마는 네가 정말 자랑스러워. I'm so proud of you.

넌 기억력이 좋구나. You have a good memory.

우리 아가, 정말 잘하고 있어. You're doing really good.

잘한다, 잘한다! There you go, there you go!

네가 최고야. You're the best.

잘했어! You did a good job!

그저 건강하기만 해. I just want you to be healthy.

걱정 마, 잘될 거야. Don't worry. Everything's going to be alright.

널 생각하면 힘이 나. You give me strength.

우린 너를 정말 사랑한단다. **We love you so much.**

우리 마음을 가다듬자. **Let's stay calm.**

엄마가 긴장되네. **I'm nervous.**

마음을 편안히 가져. **Take it easy.**

파이팅!● **Way to go!**

● 우리가 흔히 쓰는 **Fighting!**은 '싸우는 중'이라는 뜻으로 응원의 의미가 없는 콩글리쉬입니다. 누군가를 격려하거나 응원할 때는 **Way to go!** 혹은 **Go for it!**이 적당합니다.

---

3 · 3

다시 한 번 들려주기

이 노래 기억나니? **Do you remember this song?**

이 이야기 기억나니? **Do you remember this story?**

다시 한 번 복습해 보자. **Let's do it again.**

큰 소리로 다시 읽어 줄게. I'll read it out loud again.

이제 분명히 기억하겠지? It's clear now, right?

잘 들어 봐. Listen carefully.

잊지 마. Don't forget.

잘 기억해 줘. Please remember.

엄마는 노래 연습하고 있어. I'm practicing a song.

너를 위해 불러 줄 거야. I'm going to sing it for you.

어때, 엄마 잘 불러? What do you think? Am I good?

너도 듣기 좋니? Do I sound good?

엄마가 노래는 못하지만 최선을 다할게. I'm not a good singer, but I'll try my best.

이건 모차르트의 자장가야. This is "Mozart's Lullaby."

Stage 2

Talk to My Infant

아기의 첫마디는 '엄마'와 'Mommy'
두 언어가 될 수 있어요

태어난 직후부터, 돌 전까지! 이중 언어 소리 환경을 만들어 주기 위한 마음가짐

1 절대 부담감과 무리는 금물입니다.

이 시기는 엄마·아빠가 몸도 마음도 가장 지치고 힘든 시기입니다. 새로운 가족 구성원을 맞이하고 돌보고, 바뀐 생활 패턴에 적응하는 일이 참으로 힘들지요. 가장 중요한 것은 엄마·아빠와 아기의 적응과 몸과 마음의 건강입니다. '아기에 관한 것은 뭐든 잘해야 해!'라는 부담은 툭 내려놓으세요. 태담을 즐겁게 꾸준히 잘해 오셨다면, 잠시의 쉼과 여유는 오히려 즐거운 동기 부여가 될 수 있습니다.

2 태교 때 들려주었던 두 언어의 소리를 꾸준히 들려주세요.

뱃속에서부터 우리말과 영어를 소리로 경험한 아기는 이미 두 언어 소리에 친숙해져 있어요. 그 소리를 기억 속에서 끄집어내기 위해 엄마·아빠는 끊임없이 언어 자극을 해 줘야 합니다.

3 아기의 울음, 표정, 몸짓, 옹알이에 두 언어로 적극 반응하세요.

특히 옹알이는 아기의 언어 발달에 있어서 중요한 원동력이자 밑거름입니다. 엄마·아빠가 아기의 옹알이에 적극적으로 반응해 주면 아기는 옹알이를 더 활발하게 하고 입 근육이 발달되어 말이 빨리 트이게 됩니다.

4 일상생활 속에서 아기의 언어 발달을 도와주세요.

생후 첫 1년은 특정 교재나 영상의 도움 없이도 엄마·아빠와 함께 하는 일상생활 속에서 말을 배운답니다. 옷 갈아 입기, 목욕하기, 우유 먹기, 기저귀 갈기, 잠자기, 안아주기 등 매일 반복되는 일을 두 언어로 반복해서 말해 주세요. 아기는 그 상황을 접할 때마다 반복적으로 들었던 낱말이나 문장을 떠올리게 되고, 말이 트이는 어느 순간부터 그 말들을 하나씩 내뱉기 시작하지요.

5 아기가 바라보는 사물의 이름을 두 언어로 알려 주세요.

아기가 만나는 사물, 사람, 상황을 엄마·아빠가 두 언어로 이름을 알려 주고, 설명해 주면 좋습니다.

6 매일 10분씩 아기와 눈을 맞추며 두 언어로 말을 걸어 주세요.

아기에게 말을 걸 때에는 주변을 조용하게 하고 눈을 마주보며 이야기하세요. 쉬운 단어나 짧은 문장으로 말을 걸어주세요. 목소리 톤은 높게, 속도는 천천히, 리드미컬하게 말을 걸어 보세요. 아기의 시선과 옹알이에 일일이 반응하되, 아기가 반응할 수 있는 시간을 주는 것도 잊지 마세요.

7 입 모양을 크게 하여 다소 과장되게 말해 주세요.

아기는 엄마·아빠의 입 모양을 보고 소리를 흉내내기 때문에 평소보다 입 모양을 크게 하여 발음하는 것이 좋습니다. 아기가 어설픈 발음으로 소리를 낼 때에는 자연스럽게 올바른 발음으로 다시 말해 주세요.

갓 태어난 내 아기에게 이중 언어 소리 환경을 만들어 주는 것이
모유 수유나 수면 습관 들이기만큼이나 중요하다는 것을 명심하세요!
이제 본격적으로 시작해 볼까요?

0~4 months

아기의 울음,
옹알이에
두 언어로
반응하기

0~2 months 아기의 변화

● **언어 발달**

울음과 몸짓으로 감정을 표현한다.
기분이 좋을 때 특정 소리를 낸다.

● **시각 발달**

흑백대조와 선명한 색을 구별한다.
사물을 움직임을 천천히 쫓기 시작한다.

● **청각 발달**

엄마·아빠 소리를 좋아하고, 반응한다.

● **운동 신경 발달**

팔다리의 움직임이 활발해진다.
머리를 조금씩 들 수 있다.

● **아기의 생활**

잠자는 시간이 많다.

● **좋아하는 것**

흑백 모빌, 오뚝이, 딸랑이

3~4 months 아기의 변화

● **언어 발달**

옹알이가 시작된다.
상황에 따라 울음소리가 달라진다.

● **시각 발달**

엄마·아빠의 얼굴을 알아본다.
사물이 움직이는 방향으로 시선이 따라간다.
거리를 식별할 수 있다.

● **청각 발달**

소리 나는 방향으로 얼굴을 돌린다.
엄마·아빠 소리에 웃는다.
장난감 소리에 반응한다.

● **운동 신경 발달**

목을 가눌 수 있다.
물건을 잡으려고 손을 뻗는다.

● **아기의 생활**

손가락 빨기가 심해진다.
재미있는 행동은 반복하려 한다.

● **좋아하는 것**

컬러 모빌, 노리개 젖꼭지, 치아 발육기

이중 언어 소리 환경의 포인트

♥ 매일 10분씩, '우리말 → 영어' 순서로 말을 걸어 주세요.

두 언어를 동시에 배울 때 모국어 체계가 조금 앞서야 다른 외국어 습득도 수월해지기 때문입니다. 이 시기 아기가 집중해서 소리를 들을 수 있는 시간은 1-2분 정도이지요. 아기에게 10분은 성인의 1시간과 동일합니다. 또한, 이 시기의 엄마는 가장 힘든 시기입니다. 태교 시기에 했던 것들을 놓치지 않고 이어간다는 생각만으로도 충분합니다.

♥ 기저귀를 갈아주며 마사지나 체조를 할 때, 두 언어로 말을 걸어 주세요.

아기는 자신의 몸에 대한 호기심이 강하기 때문에 기저귀를 갈아주면서 마사지나 간단한 체조를 해 주면 매우 좋아합니다. 쓰다듬기, 누르기, 주무르기, 쭉쭉 펴주기 등의 움직임을 통해 아기는 다양한 느낌을 경험하고 근육이 이완되면서 대뇌활동도 활발해 집니다. 이때 신체 부위 명칭을 두 언어로 반복해서 들려주고 그 부분을 쓰다듬어주면, 아기가 집중해서 기억하게 되는 것이죠.

> 어떻게 대화할까?

> 🐻 (아앙~ 운다.)

>> 👩 기저귀가 젖었구나. You're wet.

> 👩 (기저귀를 갈아 주며) 기저귀 갈 시간이야. Time to change your diaper.

>> 🐻 (가만히 듣고 있다.)

> 👩 다 됐다. All done.

> 🐷 마법의 말 걸기 4-9, 4-10 (p.86)을 참고하세요.

♥ 아기의 울음소리나 쿠잉, 옹알이에 적극 반응하여 두 언어로 말을 걸어 주세요.

아기가 기분이 좋을 때 목을 울려서 내는 '크그으'와 같은 소리를 '쿠잉' 혹은 '해피 사운드'
라고 하며, 옹알이 전 단계의 소리입니다. 쿠잉은 아기가 엄마·아빠와 본격적인 대화를
나눌 준비가 되었다는 신호를 보내는 것입니다.

어떻게 대화할까?

(울며) 앙~ 앙~

아가야, 왜 그래? 배고프니? 우유 먹고 싶어? What's wrong,
baby? Are you hungry? You want some milk?

(우유를 먹고 나서) 그~ 그~

기분 좋아? Are you happy?

(미소 지으며) 으~ 으~

그래. 엄마도 기분 좋아. I know. I'm happy, too.

(울며) 앙~ 앙~

왜 그래? 배고파? What's wrong? Are you hungry?

(더 큰 소리로 울며) 앙~ 앙

울지 마. 여기 우유 있어. Don't cry. Here's your milk.

(울음을 멈추고 엄마를 보며) 그~ 그~

🐞 마법의 말 걸기 4-18 (p.100)을 참고하세요.

♥ 아기의 옹알이 소리를 그대로 따라 해서 들려주세요.

옹알이는 아기가 스스로 즐길 수 있는 소리 놀입니다. 엄마·아빠가 자신의 옹알이 소리를 흉내 내서 되돌려주면 아기는 엄마·아빠와 대화를 나누고 있다고 느낄 수 있고, 옹알이를 더 활발하게 하게 됩니다. 이는 아기의 언어 능력 발달과 직결됩니다. 명심할 것은, 엄마·아빠의 소리를 아기가 따라 하게 해서는 안됩니다.

어떻게 대화할까?

👶 **아우~~~**

👩 (아기의 옹알이 소리를 똑같이 따라 하며) **아우~~~**

👶 (더 신이 나서) **바아~~~**

👩 (똑같이 따라 하며) **바아~~~**

🔊 마법의 말 걸기 4-19 (p.101)를 참고하세요.

♥ 아기가 빨기 운동을 할 때 두 언어로 말을 걸어 주세요.

아기의 빠는 행동은 뇌에 자극을 주어 뇌 발달을 촉진시키고 집중력을 키워 줍니다. 따라서 빠는 순간 대뇌 활동이 활발해지기 때문에, 그때 말을 걸면 아이가 집중도 잘하고 더 잘 기억할 수 있겠지요?

어떻게 대화할까?

👩 **뭘 빨고 있어? What are you sucking on?**

👶 (계속 빨고 있다.)

👩 **딸랑이 빨고 있구나. You're sucking on a rattle.**

😊 (계속 빨고 있다.)

👩 분홍색이구나. It's pink.

🐧 마법의 말 걸기 4-20 (p.103)을 참고하세요.

♥ 아기의 **이름을 두 언어로** 불러 주세요.

아기는 엄마·아빠가 자신의 이름을 불러 주면 바로 반응하며 매우 좋아합니다. 아기의 영어 이름을 하나 지어 주어 두 언어로 말을 걸 때마다 불러 주는 것도 좋습니다.

엄마와 토비는 어떻게 대화할까?

👩 토비야, 왜 그래? Toby, what's wrong?

😊 (계속 칭얼댄다.)

👩 엄마야, 울지마. It's me, Mommy. Don't cry.

잠깐, 이렇게 하면 안돼요!

👩 토비야, What's wrong?

😊 (계속 칭얼댄다)

> 우리말과 영어를 한 문장에서 섞어 말하지 않도록 하세요.

👩 엄마야~ Don't cry.

♥ 같은 말을 두 언어로 수십 번 반복해서 말해야 합니다.

똑같은 말을 수십 번, 수백 번 두 언어로 반복해서 말해 주어야 아기는 엄마·아빠의 입 모양을 유심히 관찰한 후 서서히 그 소리를 기억하고, 그 소리의 의미를 파악하고, 그 소리를 어떻게 발음하는지 알게 되고, 입 근육을 오물오물 움직여가며 따라 말하려고 합니다. 그러다가 어느 날 말문이 트이는 것이죠.

엄마와 토비는 어떻게 대화할까?

🧑 목욕할 시간이다. **Time to take a bath.**

👶 우~~

🧑 오른손, 왼손 씻고, 씻고! **Right hand, left hand, wash, wash!**

👶 (자신의 손을 쳐다본다.)

🧑 (오른손, 왼손을 다시 한 번 씻겨 주며) **오른손, 왼손 씻고, 씻고! Right hand, left hand, wash, wash!**

👶 (엄마 말을 듣고 자신의 손을 쳐다본다.)

🧑 잘 잤니? **Good morning.**

👶 우~

🧑 (아기의 옹알이를 따라하며) 우~ 잘 잤니? **Woo~ Good morning.**

70

♥ 커닝 페이퍼를 활용하세요.

기본적인 양육만으로도 힘든 엄마·아빠에게 이중 언어 소리 환경을 만드는 것이 부담이 되면 안됩니다. '마법의 말 걸기'에 나오는 영어 문장들을 암기하지 말고 자주 쓰는 문장들은 접착 메모지 등에 써서 집안 곳곳에 붙여두어 커닝 페이퍼처럼 보고 말해도 됩니다.

질문있어요!

생후 3주된 아기의 엄마입니다. 매일 아기에게 우리말과 영어로 말을 거는데, 아기가 전혀 반응도 없고 눈도 마주치지 않아서 걱정입니다.

신생아는 엄마·아빠가 하는 말을 두 귀로 다 듣고 있습니다. 신생아라고 '뭘 듣기야 하겠어?'라는 생각은 버리고 아기에게 자주 말을 걸어 주세요. 신생아가 엄마 말에 반응을 보이지 않고 눈을 감거나 멀뚱히 쳐다보는 것은 지극히 정상입니다.

아기가 말을 배우는 과정에서의 맨 처음 단계인 Silent Period, 즉 아무 반응 없이 듣기만 하는 '침묵의 시기'이기 때문입니다. 하지만 아기의 울음소리가 바로 엄마에게 말을 하고 있는 것임을 이해하셔야 합니다. 또한 엄마와 시선을 맞추지 못하는 것 역시 자연스러운 현상입니다. 신생아 때는 시각이 발달되지 않아 초점을 맞춰 엄마를 똑바로 쳐다볼 수 없기 때문입니다.

질문있어요!

아기 옹알이 소리를 그대로 따라 하여 '소리 되돌려주기'를 하라고 하셨는데, 아기의 발음을 더 정확하게 해 주려면 엄마의 소리를 따라 하게 하는 것이 효과적이지 않을까요? 왜 아기의 옹알이 소리를 흉내 내야 하죠?

옹알이 단계에서는 아기가 '말'을 하는 것이 아니라 '소리'를 내는 것이기 때문에, 발음 교정 차원이 아니라 자신감을 갖고 소리를 낼 수 있도록 도와주는 것이 가장 중요합니다. 그러기 위해서는 옹알이에 관한 아기의 몇 가지 특성을 이해해야 합니다.

첫째, 아기는 피드백을 좋아하기 때문에 자신이 낸 옹알이 소리를 엄마·아빠가 되돌려주면, 신이 나서 더 큰 소리로 옹알이를 하게 됩니다.

둘째, 엄마·아빠가 아기의 소리를 따라 하면 아기는 대화의 주체가 자신이라고 생각하고 '옹알이 소리 주고받기'를 즐거운 놀이로 인식하게 됩니다.

셋째, 아기도 재미난 것은 반복하고 싶은 습성이 있기에 아기는 '소리 되돌려주기'를 엄마·아빠와 자꾸 반복하려 듭니다. 그 반복을 통해 아기는 옹알이를 더 왕성하게 하게 되고 결국 말이 트이는 것이죠. 반복적인 소리 되돌려주기를 통해 자연스럽게 언어가 발달하는 겁니다.

마법의 말 걸기

기억하세요!

- 한 표현 당 적어도 50~100번 정도 말해야 엄마·아빠도 아기도 기억할 수 있습니다.
- 두 언어로 말을 걸 때는 반드시 '우리말 → 영어'의 순서를 지키세요.
- 절대로 한 문장 안에서 우리말 단어와 영어 단어를 섞어 쓰지 마세요. 아기의 뇌에 자리 잡힌 이중 언어체계가 무너져 혼란을 일으킬 수 있습니다.
- 천천히 입을 크게 벌리고 정확하게 발음하세요.
- 가르치려는 욕심은 내려 놓고 대화하듯이 말을 걸어 주기만 하세요.
- 음원을 활용하여 여러 번 듣고 따라서 아기에게 말을 걸어 보세요.

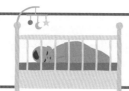

4 - 1

첫 인사하기

아가야, 안녕? 잘 잤니?● Hi, baby. Did you sleep well?

- 아기가 밤낮의 구별 없이 하루에 수십 번씩 자고 깨기 때문에 굳이 때에 따른 인사말을 구분할 필요가 없어요.

일어났어? Are you awake?

우리 아기 일어났네. You're awake.

내가 너의 엄마[아빠]야. I'm your Mommy[Daddy].

너는 나의 아기야. You're my baby.

너는 토비야. You are Toby.

만나서 반갑다. Nice to meet you.

우리 아기 정말 예쁘네. Oh, baby! You're so pretty.

우리 아기 정말 귀엽네. Oh, baby! You're so cute.

엄마[아빠]를 쏙 빼닮았네. You look just like Mommy[Daddy].

우리 아기 얼굴 좀 볼까? Let me see your face.

우리 아기 눈이 정말 예쁘네. You have beautiful eyes.

엄마 눈을 닮았네. You have Mommy's eyes.

아빠 코를 닮았네. You have Daddy's nose.

안녕, 우리 왕자님[공주님].● Hello, my little prince[princess].

● 영어권에서는 아기를 부르는 호칭이 다양합니다. 사랑스러운 아기를 부를 때 다음의 여러 단어를 사용해 보세요. baby, sweetie, pumpkin, cutie, sugar, honey, butter cup, cupcake, prince, princess

4 - 2
아기가 엄마·아빠의 손가락을 잡을 때

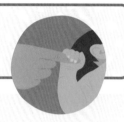

이건 엄마 손가락이야. **This is Mommy's finger.**

이건 엄마의 새끼손가락이야. **This is Mommy's pinky.**

(가제 손수건을 쥐어주며) 이건 손수건이야. **This is a hanky.**

잡아 봐. **Grab it.**

잡아 볼 수 있어? **Can you grab it?**

엄마 손가락 잡아 봐. **Grab Mommy's finger.**

엄마 새끼손가락 잡아 봐. **Grab Mommy's pinky.**

손수건 잡아 봐. Grab this hanky.

엄마 손가락 잡고 있네. You're grabbing Mommy's finger.

와, 힘 세네. Wow, you're strong.

4 - 3
아기가 울 때

졸려? Are you sleepy?

왜 울어? Why are you crying?

엄마[아빠] 여기 있어. Mommy[Daddy]'s here.

엄마 불렀어? Did you call Mommy?

아가야, 울지 마. Don't cry, baby.

어디 보자. Let me see.

아, 기저귀가 젖었구나. **Oh, you're wet.**

아, 우리 아기 배고프구나. **Oh, you're hungry.**

무서웠구나. **You're scared.**

혼자 있기 싫어? **You don't want to be alone?**

안아 달라고? **You want me to hold you?**

그래서 울었구나. **That's why you cried.**

엄마가 얼른 기저귀 갈아줄게. **I'll change your diaper soon.**

이제 편하니? **Do you feel cozy now?**

이제 기분이 나아졌어? **Do you feel better now?**

이제 괜찮아? **Are you OK now?**

토비야, 이젠 그만 울어. **Don't cry, Toby.**

엄마가 네 옆에 있잖아. Mommy's next to you.

수유하기

배고파? Are you hungry?

배고프겠구나. You must be hungry.

배고파 보이네. You look hungry.

우유 먹고 싶어? Do you want some milk?

잠깐만 기다려. Just a minute.

엄마가 우유 갖고 올게. I'll get your bottle.

엄마가 젖 먹일 준비할게. I'll get ready to feed you.

엄마가 빨리 젖 줄게. I'll feed you soon.

엄마가 우유 타고 있어. I'm preparing the bottle.

(모유 수유를 할 때) 이제 엄마 준비됐어. Mommy's ready now.

(모유 수유를 할 때) 엄마 쭈쭈 여기 있어. Here's your milk.

(분유 수유를 할 때) 우유 여기 있어. Here's your bottle.

많이 먹고 튼튼해져라.● Eat and grow strong.

> ● 서양에서는 '많이 먹어라'라는 말 대신에 '먹고 튼튼해져라'라는 말을 씁니다.

맛있니? Is it good?

천천히 먹어. Eat slowly.

(젖꼭지를 세게 빨 때) 아야, 아파. Ouch, that hurts.

더 먹어. Have some more.

잘 먹네. You're a good eater.

다 먹었니? Are you done?

이제 배 불러? Are you full now?

더 먹고 싶어? Do you want some more?

이젠 그만 먹고 싶어? Have you had enough?

그만이라고? That's enough?

(먹은 양이 적을 때) 이게 다야? That's all?

(먹은 양이 많을 때) 오늘은 많이 먹었네. You had a lot today.

잘했어. Good job.

착하다. Good boy[girl]!

트림할 시간! Time to burp!

토닥 토닥 토닥 끄윽. Pat, pat, pat, burp.

엄마가 트림시켜 줄게. Let me burp you.

잘했어. 트림했네. There you go. You burped.

아기가 토했을 때

토했어? Did you throw up?

속이 안 좋구나. Your tummy is upset.

괜찮아. 울지 마. That's OK. Don't cry.

깨끗이 닦자. Let's clean up.

입을 깨끗이 닦자. Let's wipe your mouth.

옷을 갈아입자. Let's change your clothes.

이제 깨끗해졌다. Now you're nice and clean.

턱받이를 하자. Let's put on your bib.

아기가 침이나 땀을 흘릴 때

침 흘리는구나. You're drooling.

엄마가 닦아 줄게. Let me wipe you.

턱받이를 하자. Let's put on a bib.

땀 흘리네. You're sweating.

더워? Are you hot?

티셔츠 벗자. Let's take off your shirt.

땀 닦자. Let's wipe your sweat.

목욕하자. Let's take a bath.

이제 나아졌니? Do you feel better now?

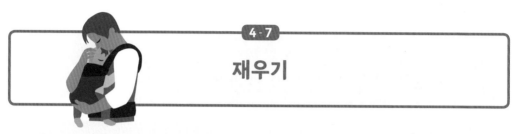

재우기

졸려? Are you sleepy?

또 졸려? Are you sleepy again?

우리 아기 졸린가 보네. You look sleepy.

하품하네. You're yawning.

다시 자는 거야? Are you sleeping again?

엄마가 재워 줄게. Mommy will put you to sleep.

잘 자라, 아가야.* Sleep well, baby.

● 아기가 밤낮 구별 없이 하루에도 수십 번씩 자고 깨기 때문에 굳이 밤에 자기 전에
하는 인사말인 'Good night'이라고 말할 필요가 없어요.

좋은 꿈 꿔. Sweet dreams.

이불 덮어 줄게. Let me tuck you in.

자장가 불러 줄게. I'll sing you a lullaby.

자장 자장 우리 아기 코 자요, 코 자요. Hush, hush, my baby.
Sleep, sleep, my baby.

4-8
아기가 잠투정 할 때

왜 그래, 아가야? What's wrong, baby?

왜 자꾸 칭얼거릴까? Why are you so cranky?

뭐가 불편한 거야? What's bothering you?

기저귀 젖었는지 볼까? Let me check your diaper.

엄마가 꼭 안아 줄게. I'll give you a big hug.*

엄마가 안아 줄게. I'll hold you.*

* hug는 앉은 상태에서 꼭 안아 주는 것이고, hold는 들고 안아서 왔다갔다하는 것을 의미해요.

엄마가 업어 줄게. I'll give you a piggyback.

엄마가 등 쓰다듬어 줄게. I'll rub your back.

아, 우리 아기 졸리구나. Oh, you're sleepy.

엄마가 자장가 불러 줄게. I'll sing you a lullaby.

우유 더 먹고 싶어? Do you want some more milk?

기저귀 갈기

아이구, 쉬했구나. Oh, you peed.

아이구, 응가했구나. Oh, you pooped.

기저귀 갈자. Let's change your diaper.

기저귀 갈 시간. Time to change your diaper.

먼저 기저귀를 벗자. Let's take off your diaper.

(물티슈로) 깨끗이 닦아 줄게. Let me wipe you.

(물로) 엉덩이를 깨끗이 씻자. Let's wash your bottom.

가만히 있어 봐. Don't move, baby.

분 발라 줄게. Let me powder you.

새 기저귀를 차자. Let's put on a new diaper.

이제 뽀송뽀송해졌네. Now you're clean and dry.

다 됐다! All done!

이제 기분 좋아? Do you feel good?

기저귀 체조시키기

기저귀 체조할 시간. It's time for diaper exercise.

다리 들어 보자. Let's lift up your legs.

다리 내려 보자. Let's put down your legs.

(두 다리를 구부리면서) 두 다리를 구부려 보자. Let's bend your legs.

쭉쭉 펴 보자. Let's stretch them out.

엉덩이를 쓰다듬어 보자. Let's rub your bottom.

등을 쓰다듬어 보자. Let's rub your back.

배를 쓰다듬어 보자. Let's rub your tummy.

(몸을 일으켜주면서) 똑바로 앉아 보자. Let's sit up straight.

(몸을 다시 눕히면서) 다시 눕자. Let's lie down again.

(두 다리를 굽혔다 폈다 하면서) 자전거타기 해 보자. Let's ride a bicycle.

4 - 11

목욕시키기

목욕할 시간. Time to take a bath.

옷을 벗자. Let's take off your clothes.

바지를 벗자. Let's take off your pants.

물 속으로 들어가자. Let's get into the water.

욕조 속으로 들어가자. Let's go in the tub.

물이 따뜻하네. It's warm.

머리카락을 깨끗이 감자. Let's wash your hair.*

- 얼굴-face / 목-neck / 등-back / 팔-arms / 다리-legs / 손-hands / 발-feet / 엉덩이-bottom / 몸-body

비누칠하자. Let's lather you up.*

- lather는 '비누 거품'이라는 뜻으로 뒤에 전치사 up이 붙으면 '~위에 비누칠하다'라는 뜻입니다.

머리에 샴푸칠하자. Let's shampoo your hair.

물로 샴푸를 헹궈내자. Let's rinse your hair.

물로 깨끗이 헹궈내자. Let's rinse off.*

- 우리가 흔히 '린스'하면 머리 감을 때 샴푸 후에 사용하는 세제로 알고 있는데, 그 것은 콩글리쉬예요. rinse는 '물로 비누나 샴푸를 깨끗이 헹궈내다' 라는 뜻이에 요. '린스'의 올바른 영어 표현은 conditioner입니다.

다 씻었다! 수건으로 몸을 닦자. **All done! Let's dry off with a towel.**•

    • 수건으로 얼굴이나 몸을 닦을 때 **dry**라는 동사를 씁니다.

머리를 말리자. **Let's dry your hair.**

다 닦았다! **All dry!**

피부가 정말 부드럽다. **Your skin is so soft.**

(몸에서 나는) 향기가 정말 좋다. **You smell so good.**

춥다. 옷 입자. **It's cold. Let's get dressed.**

머리 빗자. **Let's comb your hair.**

(면봉으로) 귓속을 깨끗이 청소하자. **Let's clean your ears.**•

    • 면봉은 영어로 **Q-tip**이지만, 귀지를 면봉으로 빼주거나 귓속을 청소할 때는 동사 **clean**만 쓰면 됩니다. 귀지는 영어로 **earwax**입니다.

뽀송뽀송해졌네. **You're nice and dry.**

아기가 흑백 모빌을 볼 때

뭘 보고 있니? What are you looking at?

모빌이 보이니? Can you see that mobile?

모빌을 보고 있구나. You're looking at the mobile.

저건 모빌이야. It's a mobile.

저건 검정색[흰색/검정색과 흰색]이야. It's black [white / black and white].

이건 동그라미[네모/세모/마름모]야. It's a circle [square / triangle / diamond].

만질 수 있겠니? Can you touch it?

만지고 싶어? Do you want to touch it?

(모빌을 가까이 대주며) 잡아 봐. Grab it.

모빌이 움직이네. The mobile's moving.

덩실덩실 춤을 추네. It is dancing.

재미있다, 그렇지? It's fun, right?

모빌이 좋아? Do you like your mobile?

모빌 쳐다보는 게 좋구나. You like to watch the mobile.

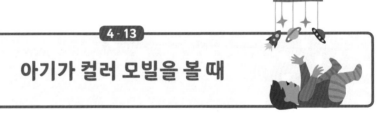

아기가 컬러 모빌을 볼 때

이 모빌 좀 봐. Look at this mobile.

움직이네. It's moving.

움직이는 것 좀 봐. See how it moves.

모빌이 춤추네. It is dancing.

정말 예쁘다. It is so pretty.

만져 볼래? Do you want to touch it?

저건 빨강[노랑/파랑/하양/주황/초록색]이야. It's red[yellow / blue / white / orange / green].

4 - 14

아기가 보는 것에 대해 말하기

우리 아기 뭘 봐? What are you looking at?

궁금하니? Are you curious?

그건 곰돌이 인형이야. That's a teddy bear.

그건 오뚝이 인형이야. That's a tumbler.

그건 딸랑이야. That's a rattle.

그게 좋아? Do you like it?

아기와 눈 맞추는 연습하기

엄마를 보는 거니? Are you looking at Mommy? / Are you looking at me?

그래, 엄마야. Yes, I'm your mommy.

엄마 얼굴 보이니? Do you see Mommy's face?

엄마도 네 얼굴이 보여. I can see your face, too.

엄마 눈을 쳐다 봐. Look at Mommy's eyes. / Look at my eyes.

엄마 보고 웃는 거니? Are you smiling at Mommy? / Are you smiling at me?

우리 아기 눈이 정말 예쁘네. My baby has beautiful eyes.

우리 아기 미소가 정말 아름답네. My baby has a beautiful smile.

이제 엄마를 볼 수 있네. Now you can look at Mommy. / Now you can look at me.

너는 엄마를 보고 있구나. You are looking at Mommy.

엄마는 너를 보고 있어. Mommy is looking at you.

엄마는 토비를 사랑해. Mommy loves Toby.

사랑한다. I love you.

(시선을 따라오게 유도하면서) 오른쪽[왼쪽]을 보세요. Look to your right[left].

위[아래]를 보세요. Look up[down].

무엇이 보이니? What do you see?

딸랑이가 보이네. You see a rattle.

누가 보이니? **Who do you see?**

엄마가 보이네. **You see Mommy.**

오른쪽[왼쪽]에 뭐가 있지? **What's on your right[left]?**

곰돌이가 왼쪽에 있네. **Teddy bear's on your left.**

오뚝이가 오른쪽에 있네. **Tumbler's on your right.**

오른쪽[왼쪽]에 누가 있지? **Who's on your right[left]?**

엄마가 왼쪽에 있지. **Mommy's on your left.**

아빠가 오른쪽에 있지. **Daddy's on your right.**

아기가 소리나는 장난감을 갖고 놀 때

딸랑, 딸랑, 무슨 소릴까? Rattle, rattle. What sound is it?

이 소리가 들리니? Can you hear this sound?

누가 내는 소리일까? Who's making the sound?

도대체 무엇일까? What could that be?

무슨 소리가 들리니? What do you hear?

잘 들어 봐. Listen carefully.

이게 뭘까? What's this?

아 딸랑이네. Oh, it's a rattle!

흔들어 봐. Shake it.

흔들어 볼게. I'll shake it.

꼭 쥐어 봐. Hold it tight.

놓쳐 버렸네. You dropped it.

재미있어? Is it fun?

다시 흔들어 볼게. 딸랑, 딸랑. I'll shake it again. Rattle, rattle.

다시 흔들어 보자. Let's try again.

소리를 따라와 봐. Follow the sound.

아가야, 이쪽이야. Over here, baby.

아기가 오뚝이를 갖고 놀 때

이건 오뚝이야. **This is a tumbler.**

밀어서 넘어뜨려 봐. **Push it down.**

흔들거리네. **It's rocking.**

넘어지네. **It falls down.**

일어서네. **It stands up.**

다시 해보자. **Let's do it again.**

밀어 볼 수 있니? **Can you push it?**

쿠잉에 반응하기

오늘 기분이 좋구나. **You feel good today.**

기분이 매우 좋아 보이네. **You look so happy.**

기분 좋아? **Do you feel good now?**

그래, 엄마 듣고 있어. **Yes, I'm listening.**

엄마도 기분 좋아. **Mommy's happy, too.**

배부르구나. **You're full now.**

엄마도 네 기분 알아. **I know how you feel.**

기분 좋은 소리를 내는구나. **You're making a happy sound.**

무엇 때문에 이렇게 기분이 좋을까? **What makes you happy?**

옹알이에 반응하기

오, 우리 아기 옹알이 하는구나. Oh, you're babbling.

엄마한테 이야기하려는 거야? Are you talking to Mommy? / Are you talking to me?

무슨 말을 하려는 거야? What are you trying to say?

목소리가 참 예쁘네. You have a pretty voice.

아하, 배고프다고? Oh, you're hungry?

아하, 기저귀가 축축하다고? Oh, your diaper is wet?

아하, 안아 달라고? Oh, you want me to hold you?

그렇구나. I see.

알아, 알아. I know, I know.

그래, 알았어. OK, I got you.

엄마를 사랑한다고? 엄마도 널 사랑해. You love Mommy?
Mommy loves you, too.

나도 그래. Me too.

정말이야? Oh, really?

방금 '엄마'라고 말했어? Did you just say 'Mommy'?

이제 말하기 시작했네. You're talking now.

오늘 기분이 좋구나. You feel happy today.

옹알이 잘하네. You babble so well.

잘하네, 잘해. There you go, there you go.

빨기나 만지기를 통한 느낌을 표현하기

(부드러운 털 인형을 만지게 하면서) **참 부드럽다. It's very soft.**

(딱딱한 장난감을 입에 물려 주면서) **매우 딱딱하네. It's very hard.**

(까칠까칠한 브러시를 만지게 하면서) **까칠까칠하네. It's very rough.**

(우유병을 손에 쥐어 주면서) **따뜻하네. It's warm.**

(새 기저귀를 채워 주고 나서) **뽀송뽀송하네. Nice and dry.**

(새 옷으로 갈아 입히고 난 뒤) **아, 쾌적하다. Nice and fresh.**

(말랑말랑한 치아 발육기를 입에 물려 주면서) **말랑말랑하네. It's squishy.**

만져 볼래? Do you want to touch it?

어떤 느낌이야? How does it feel?

입으로 물고 느껴봐. Bite and feel it.

뭘 빨고 있니? What are you sucking on?

손가락을 빨고 있구나. You're sucking your finger.

엄지손가락을 빨고 있구나. You're sucking your thumb.

공갈 젖꼭지 빨고 있구나. You're sucking a pacifier.

딸랑이를 빨고 있구나. You're sucking on a rattle.

뭘 씹고 있니? What are you biting?

치아 발육기를 씹고 있구나. You're biting a teether.

아기가 손을 뻗어 물건을 잡으려 할 때

뭘 보고 있니? **What are you looking at?**

그걸 갖고 싶어? **Do you want to have it?**

엄마가 도와줄까? **Do you want mommy to help?**

(아기 앞에 갖다 주면서) 자, 손으로 꽉 잡아 봐. **Here, grab it.**

꽉 잡아야지. **Hold it tight.**

잡았네. **You got it.**

잘했어. **You did a good job.**

아기의 첫마디에
두 언어로 칭찬하기

5~6 months 아기의 변화

● 언어 발달
엄마·아빠의 말을 흉내 내려고 한다.
옹알이가 절정에 이른다.
반복되는 일에 관련된 단어나 문장을 인식하고 기억한다.

● 시각 발달
엄마·아빠의 표정을 읽는다.
가족 이외의 다른 사람들을 알아본다.
시력이 0.1정도로 발달한다.

● 청각 발달
리듬감 있는 노래를 좋아한다.
가깝고 먼 곳의 소리를 확실하게 구분한다.
보는 것과 듣는 것을 동시에 할 수 있다.

● 운동 신경 발달
몸을 능숙하게 뒤집는다.
벽이나 쿠션에 기대어 앉을 수 있다.
팔을 뻗어 손으로 물건을 잡는다.
배밀이가 활발해진다.

● 아기의 생활
혼자서 놀기 시작한다.
호기심이 왕성해진다.
분리 불안이 생기기 시작한다.

● 좋아하는 것
까꿍 놀이, 거울 보기, 컬러 모빌

7~8 months 아기의 변화

● 언어 발달
드디어 아주 정확한 발음은 아니더라도 '엄마', 'Mommy' 두 언어로 첫마디를 내뱉는다.
간단한 말을 제법 알아듣는다.
자기만의 언어로 사물의 이름을 부른다.
반복적인 말놀이를 좋아한다.

● 시각 발달
움직이는 물체를 더 좋아한다.
선호하는 색깔과 모양이 생긴다.
보는 대로 따라한다.

● 청각 발달
부정적 톤과 긍정적 톤을 구분하고 반응한다.
이름을 부르면 귀를 기울인다.
둘러보지 않고도 소리 나는 곳을 찾아낸다.

● 운동 신경 발달
혼자 잘 앉을 수 있다.
기기 시작한다.
음식을 손에 움켜쥐고 먹을 수 있다.

● 아기의 생활
젖니가 나기 시작한다.
화나는 감정을 표현한다.
낯가림이 심하다.

● 좋아하는 것
보행기, 도리도리, 짝짜꿍, 잼잼

이중 언어 소리 환경의 포인트

♥ **아기가 생후 8개월쯤에는 매일 20분씩 두 언어로 대화하세요.**

3~4개월에는 1~2분도 집중하기 어려웠던 아기가 엄마와의 꾸준한 대화를 통해 8개월 쯤 되면 20분 정도까지도 대화가 가능해집니다. 대화하는 시간을 조금씩 늘려가는 연습을 하세요. 단어 위주가 아닌 간단한 문장 위주로 말을 걸어 주세요. 높은 톤으로 천천히 리듬 있게 '우리말 → 영어' 순서로 말하세요.

♥ **옹알이에 적극 반응하고 칭찬을 많이 해 주세요.**

아기는 '어마마마, 아바바바'와 같이 '엄마, 아빠' 발음과 비슷하게 옹알이를 하기 시작합니다. 이 시기 아기는 엄마·아빠가 말하는 입 모양과 그 입에서 나오는 소리를 일치시킬 줄 알기 때문에 엄마·아빠의 입 모양을 보고 소리를 흉내 내려 합니다. 그렇기 때문에 아기가 옹알이 할 때나 아기에게 말을 걸 때는 반드시 눈을 맞추며 대화를 하는 것이 중요합니다. 아기는 즉각적인 반응을 좋아하기 때문에, 엄마·아빠의 칭찬은 옹알이에 대한 자신감을 북돋아 줍니다.

엄마와 토비는 어떻게 대화할까?

🧑‍🦰 잘 잤니? Good morning.

　　👶 아우~

🧑‍🦰 아, 배고프다고? Oh, you're hungry?

　　👶 맘마마마.

🧑‍🦰 아~ 우유 달라고? Oh, you want some milk?

(엄마 입 모양을 따라 하며) **Mi⋯l⋯k.**

(박수치고 기뻐하며) **아주 잘했어! Very good!**

♥ **아기에게 천천히 말해 주고, 아기가 옹알이로 대답할 여유를 충분히 주세요.**

아기가 말을 많이 듣는 것보다 몇 마디라도 정확하게 알아듣고 기억하는 것이 더 중요합니다. 아기에게 말할 때는 또박또박, 천천히, 단어와 문장 사이에 틈을 주어 쉬어가며 말하는 것이 중요합니다. 그래야 아기가 기억하고 옹알이로 반응할 여유가 생기기 때문이지요. 아기와의 대화는 상호 작용이어야 함을 기억하세요.

♥ **입 모양을 크게 하여 정확한 발음을 유도해 주세요.**

아기는 엄마의 입 모양을 흉내 내어 소리를 내므로 엄마가 애써서 입을 크게 하고 정확한 발음을 알려 주어야 해요. 이 시기에는 원어민 음성을 아무리 들려주어도 아기가 집중할 수 없기 때문에 효과가 없습니다. 아이에게 최고의 언어 모델은 엄마·아빠이므로 엄마·아빠가 정확한 발음 공부를 하는 것도 필요합니다.

엄마와 토비는 어떻게 대화할까?

(우유병을 보며) **우~ 우~**

아, 이거? 이건 우유병이야. 우, 유, 병! **This is a milk bottle. Milk bottle!**

Mi⋯l⋯k⋯ bo⋯tl.

(박수치고 기뻐하며) **아주 잘했어! Very good!**

♥ 주입식이 아니라 **자연스러운 대화체로 반복해서** 말해 주세요.

주입식 언어 학습은 단순 암기 방식과 마찬가지로 아기에게 언어에 대한 스트레스와 거부감을 불러일으킬 수 있으니 주의하세요.

엄마와 토비는 어떻게 대화할까?

우유 먹고 싶어? 엄마가 우유 가져올게. 우유 왔어. Do you want some milk? I'll get you some milk. Here's your milk.

(우유병을 반가워하며) Mi⋯l⋯k.

그래, 우~유. 맛있게 먹자! Yes, milk. Enjoy your milk!

잠깐, 이렇게 하면 안돼요!

(우유병을 보여 주며) 이건 우유야, 우유. 잘 들어 봐, 우~유! This is milk, milk. Listen, milk!

'우유 = milk'를 알려 주려고 의도적으로 반복하지 마세요.

110

♥ 엄마·아빠 각자 혼자 말할 때는 '우리말 → 영어' 순서로, 엄마·아빠가 함께 말할 때는 한 사람은 우리말, 한 사람은 영어로 하세요.

이중 언어학자들은 아기에게 두 언어를 동시에 가르칠 때 최고의 환경은 엄마·아빠가 각기 다른 두 언어를 사용하는 것이라고 합니다. 엄마·아빠가 함께 아기에게 말을 걸 때에는 각각 한 언어를 담당하되, 일관성 있게 꾸준히 실천하는 것이 중요합니다. 그래야만 아기는 커서도 엄마·아빠 각각에게 특정 언어로 말을 거는 것이 습관화되기 때문입니다.

엄마와 토비는 어떻게 대화할까?

엄마 혼자 말을 할 때

 배고파? 엄마가 우유 줄게. Are you hungry? I'll get you some milk.

엄마, 아빠가 함께 말을 할 때

 잘 자라, 아가야. Good night, baby.

♥ 사물의 이름을 대명사가 아닌 고유명사로 알려 주세요.

호기심이 왕성해진 아기는 주위 사물의 이름을 알고 싶어합니다. 그때마다 '이것(this), 저것(that)' 등의 대명사로 알려 주지 말고 구체적 이름을 '우리말 → 영어' 순서로 말해 주세요. 단, 아기가 그 사물에 관심을 두고 눈으로 보고 있을 때 그 사물의 이름을 말해 줘야 합니다.

(아기가 공을 보고 있을 때) 뭘 보니? 공이구나. What are you looking at? A ball.

B⋯b⋯

(그 공을 보며) 공 줄까? 공! Do you want a ball? Ball!

(손으로 가리키며) 저것 좀 봐. 저건 공이야, 공. Look at that. That's a ball, ball.

(관심을 보이지 않는다.)

아기가 관심을 보이는 대상에 대해 말을 걸거나, 아기의 관심을 유도할 수 있도록 흥미롭게 말을 걸어 보세요.

저것 좀 보라니까. 공이야, 공.
Look at that. That's a ball, ball.

♥ 두 언어로 말할 때 몸짓을 많이 사용하세요.

'바디랭귀지, 몸짓 언어'는 아기의 언어 발달에 훌륭한 안내 역할을 합니다. 굳이 해석이나 설명이 없어도 동작을 크게 하여 몸짓으로 의미를 나타내주면 아기는 의미를 쉽게 파악하고 기억할 수 있습니다. 몸짓을 많이 사용할수록 아기의 이해와 기억이 높아진답니다.

엄마와 토비는 어떻게 대화할까?

(장난감을 달라고 아이에게 두 손을 내밀며) **주세요. Give it to me.**

(엄마 손을 본다.)

(내민 두 손을 크게 흔들며) **엄마에게 주세요. Give it to Mommy.**

(엄마에게 준다.)

잠깐, 이렇게 하면 안돼요!

주세요. Give it to me.

(아무 대답 없다.)

(목소리만 크게) **어서 주세요! Give it to me!**

(놀라지만 반응은 없다.)

> 손동작, 얼굴 표정 등의 다양한 몸짓 언어를 함께 사용하세요.

🎙 마법의 말 걸기 5-9 (p.126)를 참고하세요.

♥ 아기가 '엄마, Mommy'라고 말할 때마다 **칭찬을 듬뿍 해 주세요.**

아기에게 해주는 엄마의 칭찬과 격려는 아기의 언어 발달에 매우 중요한 역할을 합니다. 엄마는 과장되게 기뻐하고 칭찬을 마구마구 해 줘야 해요. 언어학자들의 연구에 따르면, 이 시기에 칭찬을 많이 받고 자란 아기는 그렇지 못한 아기들보다 말이 트이는 시기가 빠르고 언어 습득력도 뛰어나다고 합니다. 칭찬은 아기에게 자신감과 잘하려는 욕구를 주기 때문이지요.

엄마와 토비는 어떻게 대화할까?

(손가락으로 자신을 가리키며) 나는 엄마야. I'm your mommy.

Mo…mmy.

(손뼉치고 기뻐하며) 와, 정말 잘했어! 한 번 더 불러 줄래? 엄마! Wow, very good. Can you say 'Mommy' again?

Mo…mmy.

아주 잘했어. 우리 아기 최고! Very good! You're the best.

🐞 마법의 말 걸기 5-10 (p.127)을 참고하세요.

♥ 아기가 **책을 마음껏 갖고 놀게** 하세요.

아기가 그림책을 장난감처럼 물고, 빨고, 던지면서 갖고 놀게 두세요. 아직까지는 책을 읽어 주거나 책을 보게 하려고 애쓰지 말고 아기의 방식대로 책과 놀면서 책과 친해지게 하세요. 아기가 책에 대한 거부감이 없어야 스스로 책을 펼쳐 그림에 관심을 갖게 되고, 그림에 대해 설명해 주는 엄마·아빠의 말을 귀 기울여 듣게 됩니다.

주변에서 말하길 아기 때부터 영어 음원을 꾸준히 듣기만 해도 영어교육에 효과적이라고 하던데, 정말 그런가요?

의미를 모른 채 막연하게 듣기 훈련만 하는 것은 무의미합니다. 아기에게는 그저 '소음'에 불과할 것이에요. 어떤 언어이든 가장 효과적인 교육방법은 상호대화입니다. 차라리 엄마·아빠가 음원의 내용을 숙지해서 엄마·아빠의 목소리로 들려주세요. 하지만 이 시기 아기에게는 생활과 밀착된 아주 짧고 간단한 문장 정도만 수용이 가능함을 기억하세요.

8개월 지호 엄마예요. 다른 집 아기들은 7~8개월 경에 '엄마'라고 말을 하던데, 지호는 아직 아무 말도 못해요. 옹알이도 다른 친구들보다 덜 하는 것 같고요. 제가 아무리 이중 언어 환경을 소리로 접해 주려 해도 잘 듣는 것 같지도 않아요. 무슨 문제가 있는 걸까요?

조금만 느긋하게 지켜보시면 좋겠습니다. 아이들 마다의 언어 발달이 차이가 나는 것은 당연합니다. 절대로 다른 아기와 비교하지 마세요. 이 시기 아기는 얼마만큼 말을 하느냐가 중요하지 않고 두 언어를 생활 속에서 얼마나 소리로 듣고 있느냐가 더 중요합니다.

만약 아기가 '우유'가 아닌 'milk'라는 말을 듣고 웃거나 우유병을 잡는다면 대성공입니다. 영어를 우리말처럼 거부감 없이 받아들인다는 증거니까요. 받아들여지고 기억된 언어는 곧 조만간 발화될 것입니다.

5~8 months

마법의 말 걸기

기억하세요!

- 한 표현 당 적어도 50~100번 정도 말해야 엄마·아빠도 아기도 기억할 수 있습니다.
- 두 언어로 말을 걸 때는 반드시 '우리말 → 영어'의 순서를 지키세요.
- 절대로 한 문장 안에서 우리말 단어와 영어 단어를 섞어 쓰지 마세요. 아기의 뇌에 자리 잡힌 이중 언어체계가 무너져 혼란을 일으킬 수 있습니다.
- 천천히 입을 크게 벌리고 정확하게 발음하세요.
- 가르치려는 욕심은 내려 놓고 대화하듯이 말을 걸어 주기만 하세요.
- 음원을 활용하여 여러 번 듣고 따라서 아기에게 말을 걸어 보세요.

5 - 1

까꿍 놀이하기

까꿍 놀이하자. Let's play peekaboo.

(엄마 얼굴을 가리며) 엄마 없다. Mommy's gone.

엄마가 어디로 갔을까? Where's Mommy?

토비야, 어디에 있니? 안 보이네. Where are you, Toby? I can't see you.

(얼굴을 내보이며) 까꿍! 우리 아기 보이네. Peekaboo! I see you.

재미있어? Is it fun?

또 하고 싶어? Do you want to play again?

또 하자. Let's play again.

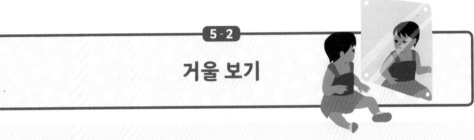

5 - 2
거울 보기

이건 거울이야. This is a mirror.

거울 속에 누가 있니? Who's in the mirror?

거울 속을 보세요. Look in the mirror.

엄마 보이니? Can you see Mommy?

누가 보이니? Who do you see?

이건 엄마고, 이건 토비야. **This is Mommy, and this is Toby.**

손 흔들어 봐. **Wave your hand.**

이건 너의 머리카락이야. **This is your hair*.**

- * 얼굴 - **face** / 눈 - **eye** / 코 - **nose** / 입 - **mouth** / 귀 - **ear** /
  턱 - **chin** / 손 - **hand** / 다리 - **leg** / 발 - **foot** / 이마 - **forehead**

눈이 정말 예쁘네. **You have pretty eyes.**

눈이 반짝거리네. **Your eyes are shining.**

입술이 앵두 같아. **You have cherry lips.**

볼이 오동통해. **You have chubby cheeks.**

엄마를 손으로 가리켜 볼래? **Can you point to Mommy?**

네 코를 손으로 가리켜 볼래? **Can you point to your nose?**

여기 있구나. **Here it is.**

베이비 마사지하기

엄마가 마사지 해 줄게. I'm going to massage you.

엄마가 기분 좋게 해 줄게. I'll make you feel good.

기분이 좋아질 거야. You'll feel good.

몸에 힘을 빼. Relax.

이건 베이비 오일이야. This is baby oil.

오일을 바르자. Let's put some oil on.

미끌미끌하지? It's slippery, right?

이제 시작할까? Shall we start?

기지개를 켜자. Let's stretch your body.

배를[등을] 쓰다듬자. Let's rub your tummy[back].

엎드려 보자. Let's lie on your tummy.

똑바로 눕자. Let's lie on your back.

다리를 쭉쭉 펴자. Let's stretch your legs.

팔을 주무르자. Let's massage your arms.

두 팔을 교차하자. Let's cross your arms.

어때? How do you feel?

시원해? Do you feel good?

너무 세니? Is it too hard?

알았어. 살살 할게. OK. I'll be gentle.

간질이기

간질 간질 간질~ Tickle, tickle, tickle.

간지럽니? Does it tickle?

또 간질인다. I'm going to tickle you again.

그만하라고? You want me to stop?

알았어. 그만할게. OK. I'll stop.

아기가 몸을 뒤집거나 배밀이를 할 때

뒤집을 수 있겠니? Can you turn over?

와, 뒤집었네. Wow, you turned over.

(뒤집으려고 애쓰는 걸 보고) 할 수 있어. You can do it.

(잘 뒤집지 못할 때) 잘하고 있어. You're doing well.

성공했다! You did it! / You made it!

옳지! There you go!

우리 아기 배밀이 하네. You're scooting.

엄마한테 와 보렴. Come to Mommy.

아기가 자신의 몸을 가지고 놀 때

지금 뭐해? What are you doing?

뭘 갖고 노니? What are you playing with?

발가락 갖고 노니? Are you playing with your toes?

발가락 갖고 노는구나. You're playing with your toes.

심심해? Are you bored?

엄마랑 놀까? Do you want to play with Mommy?

네 손가락이 좋아? Do you like your fingers?

네 손가락이 좋구나. You like your fingers.

뭘 보고 있니? What are you looking at?

네 손 보고 있니? Are you looking at your hands?

5-7

아기가 손을 뻗어 물건을 잡으려 할 때

뭘 보고 있니? **What are you looking at?**

그걸 갖고 싶어? **Do you want it?**

(아기 앞에 가져다 주며) 잡아 봐. **Grab it.**

꽉 잡아야지. **Hold it tight.**

잡았네. **You got it.**

5-8

반복적인 놀이하기

엄마 손 잘 봐. **Watch Mommy's hands.**

엄마처럼 해 봐. **Do as I do.**

짝짜꿍, 짝짜꿍. Clap, clap, clap your hands.

도리도리, 도리도리. Shake, shake, shake your head.

잼, 잼. Open your hands, close your hands.

끄덕끄덕, 끄덕끄덕. Nod, nod, nod your head.

5 - 9

몸짓 언어로 설명하기

(숟가락으로 먹는 시늉하며) **난 먹어요. I eat.**

(두 손 모아 잠자는 시늉하며) **난 자요. I sleep.**

(컵으로 마시는 시늉하며) **난 마셔요. I drink.**

(엉엉 우는 시늉하며) **난 울어요. I cry.**

(깔깔 웃는 시늉하며) **난 웃어요. I laugh.**

(손을 크게 흔들며) 안녕. Good-bye.

칭찬하기

'엄마'라고 불렀니? 그래, 엄마야! Did you say 'Mommy'?
Yes, I'm your mommy.

다시 한 번 말해 볼래? 엄마! Can you say it again? Mommy!

이번엔 '아빠'라고 불러 볼래? Now, can you say 'Daddy'?

한 번 더, 아빠. One more time, Daddy.

비슷하게 발음했어. You almost said it.

잘했어! Good job! Well done! You're the best!

옷을 입힐 때

자, 옷 입자. **OK, let's get dressed.**

오늘은 스웨터를 입을까? **How about wearing a sweater°
today?**

- 바지 - **pants** / 치마 - **a skirt** / 티셔츠 - **a T-shirt** /
  내복 - **long underwear** / 반바지 - **shorts** / 조끼 - **a vest** /
  외투 - **a coat** / 재킷 - **a jacket**

토비 머리가 어디 있니? **Where's Toby's head?**

토비 얼굴이 어디 있니? 짜잔, 여기 있네. **Where's Toby's face?
Ta-da. Here it is.**

오른팔을 소매에 넣자. **We need to put your right arm in the
sleeve.**

이제 왼팔도 넣자. **And now your left arm, too.**

들어간다. 어디 갔지? 와, 여기 있다! **In it goes. Where is it? Ah,
here it is!**

유아차 타고 산책하기

우리 산책 나가자. **Let's take a walk.**

자, 유아차에 타자. **Let's take a ride in your stroller.**

엄마가 업어 줄게. **I'll give you a piggyback ride.**

날씨가 참 좋다. **What a nice day!**

햇빛이 쨍쨍 비치네. **It's sunny.**

날씨가 춥구나[덥구나/따뜻하구나/쌀쌀하구나]. **It's cold[hot / warm / chilly].**

비둘기[나무]들 좀 봐. **Look at the pigeons[trees].**

자, 들어가자. **OK. Let's go back.**

집에 들어갈 시간이야. **Time to go home.**

차를 타고 이동할 때

(승용)차에 타자. **Let's get in the car.**

카시트에 앉자. **Let's sit in your car seat.**

안전벨트 매자. **Let's fasten your seat belt.**

부웅, 미나 이모 집으로 간다. **Vroom, off we go to Aunt Mina's house.**

노래 틀어 줄까? **Should I play music for you?**

뭐 듣고 싶어? **What do you want to listen to?**

지금은 너를 안아 줄 수 없어. **I can't hold you right now.**

조금만 참아. 거의 다 왔어. **Hang in there. We're almost there.**

아기가 낯가림이 심할 때

괜찮아, 엄마 친구야. **That's OK. She's[He's] my friend.**

겁내지 마. **Don't be scared.**

이 분 기억 안나니? **Don't you remember her[him]?**

지난 번에 봤잖아. **You've met her[him] before.**

걱정 마. 엄마가 있잖아. **Don't worry. Mommy's here.**

엄마 금방 올게. **I'll be back soon.**

그만 칭얼칭얼. **Stop whining.**

아기의 관심과
행동에 맞춰
두 언어로 말 걸기

9~10 months 아기의 변화

● 언어 발달
'지지, 맘마, 빠빠' 같은 유아어를 말한다.
옹알이에 어른 말과 비슷한 억양이 나타난다.
표정과 몸짓 언어가 발달한다.

● 청각 발달
탬버린, 북 등의 악기 소리에 흥미를 보인다.
엄마·아빠의 말을 제법 이해하고 몸짓으로 반응한다.
의성어, 의태어 같은 재미있는 말소리에 흥미를 보이고, 소리의 근원지를 빨리 찾는다.

● 운동 신경 발달
이것저것 열어보고 구경한다.
사람, 벽, 의자를 짚고 일어선다.
엎드린 자세에서 앉은 자세로, 앉은 자세에서 일어선 자세로 옮길 수 있다.

● 아기의 생활
화나 울음으로 주장을 표현한다.
기억력이 발달한다.
규칙적인 수면 리듬을 갖는다.

● 좋아하는 것
작은 크기의 그림책, 타악기

11~12 months 아기의 변화

● 언어 발달
말할 수 있는 단어가 늘어난다.
'응, 싫어, 물, 이거'와 같이 의미가 담긴 간단한 말을 할 수 있다.
새로운 단어에 관심이 많아진다.

● 청각 발달
동요를 제법 비슷하게 따라 부른다.

● 운동 신경 발달
능숙하게 빠른 속도로 기어 다닌다.
붙잡고 걷는 것이 능숙해진다.
두 손으로 컵을 잡고 마실 수 있다.

● 아기의 생활
엄마를 졸졸 따라다닌다.
자기 주장이 훨씬 강해진다.
주위 사물에 많은 흥미를 보인다.

● 좋아하는 것
인형 놀이, 걸음마 기구 잡고 걷기

이중 언어 소리 환경의 포인트

9~12 months

♥ **아기에게 단어가 아닌 문장으로 말해 주세요.**

아기의 언어가 급격하게 발달하여 간단한 1~2 음절의 단어를 말하기 시작하는 시기입니다. 그만큼 단어에 대한 호기심이 많아져 엄마·아빠의 말에 귀 기울이고 따라하기 시작합니다. '말을 할 줄 안다'는 것은 '문장으로 대화를 나눌 수 있다'는 의미입니다. 아기가 단어만 말할 수 있는 시기라도, 엄마·아빠는 단어가 아닌 문장으로 계속 말해 주어야 아기가 문장에 대한 감을 빨리 잡을 수 있습니다.

엄마와 토비는 어떻게 대화할까?

    (우유병을 보며) **Mil···k.**

           (아기 말을 고쳐주며) **우유 주세요. Milk, please.**

    Mil···k, plea···se.

♥ **아기가 쓰는 유아어를 엄마·아빠가 따라하지 마세요.**

아기들이 쓰는 '지지, 맘마, 어부바' 등과 같은 유아어는 연습을 반복하다 자연스레 교정되고 올바른 말로 바뀌게 됩니다. 유아어가 귀엽고 편하다고 해서 엄마·아빠가 유아어로 아기에게 말을 거는 경우가 많은데, 아이가 엄마·아빠의 말을 한창 따라하는 시기임을 생각한다면 좋은 방법이 아니겠지요. 아기의 언어 모델인 엄마·아빠가 유아어를 쓰는 것은 아기의 언어발달을 저해하는 것과 마찬가지이지요. 늘 표준 발음과 단어를 말함으로써 아기가 정확하게 발음할 수 있도록 도와주세요.

134

(우유병을 보고) **Mamma.**

(유아어 쓰지 않고) 우유 줄까? **Do you want some milk?**

Mamma.

그래, 우유 먹자. **OK. Here's your milk.**

♥ **아기의 관심과 행동에 맞춰 두 언어로 자극을 주세요.**

아기는 관심 있는 사물이나 행동에만 온통 집중하므로, 그 관심과 행동에 맞추어 언어 자극을 주어야 합니다. 아기가 관심을 쏟는 와중에 그것과 관련된 두 언어를 듣게 되면, 아기는 의미를 생각하지 않아도 저절로 의미를 파악하여 들을 수 있기 때문이지요.

우리 아기 뭐하니? **What are you doing, baby?**

(곰인형을 쓰러뜨리는 놀이를 하며) **Uuu.**

아, 곰돌이랑 노는구나. **Oh, you're playing with a teddy bear.**

(엄마를 쳐다보고 다시 곰인형을 쓰러뜨리며) **Aaauuu.**

곰돌이가 쓰러졌네. 어? 다시 일어났네? **It fell down. Uh? It stood up again.**

(다시 반복한다.)

또 쓰러졌네. 다시 일어났네. It fell down. It stood up again.

(알아들었다는 듯이 깔깔 웃으며) Aaauu.

♥ 아기가 한 말에 살을 붙여 다시 말해 주세요.

아기는 말하는 능력보다 듣는 능력이 훨씬 더 발달되어 있어요. 듣고 이해하는 단어나 말이 엄청나게 늘었어도 자유롭게 입 밖으로 내뱉지는 못합니다. 그렇기 때문에 아기가 짧은 한 두 단어로 말하면 엄마·아빠가 아기의 의도를 빠르게 파악하여 살을 붙여 문장으로 다시 한 번 말해 줘야 합니다.

엄마와 토비는 어떻게 대화할까?

Water.

물 주세요. Water, please.

Water… plea…se.

(박수치며 기뻐하며) 잘했어! (물을 건네주며) 물 여기 있어. Good! Here's water.

♥ 알려준 말을 알고 있는지 아기에게 **확인하려고 하지 마세요.**

아기의 말하기 능력을 확인하려고 자꾸 물어본다면 아기는 처음 한 두 번은 곧잘 대답하다가 금새 짜증을 내며 대화를 거부하게 될 것입니다. 말은 일상생활 속에서 엄마·아빠와의 대화를 통해 자연스럽게 습득하는 것이지 묻고 대답하기를 반복하는 지루한 학습이 아니기 때문입니다. 자연스러운 대화와 재미있는 놀이로 알려준 단어를 다시 말하게끔 유도하는 것이 좋은 방법입니다.

엄마와 토비는 어떻게 대화할까?

(공을 가리키며) 공 주세요. Give me a ball.

(공을 주며) Ba…ll.

(공을 아기에게 굴리며) 공 받아라! Get the ball!

(공을 받으며 신나게) Ba…ll.

(공을 보여 주며) 공놀이 또 할까? Do you want to play with the ball again?

Yes, ball!

잠깐, 이렇게 하면 안돼요!

(공 가리키며) 이게 뭐지?

(한국말로 대답한다.) 공.

(신나서 영어로) What's this?

🧒 Ball.

👩 (인형을 가리키며) **그럼 이건 뭐지?**

🧒 (짜증내며) **싫어.**

> 아기가 특정 단어를 우리말로든 영어로든 알고 있는지 확인하려는 것은 아기의 이중 언어 습득을 방해하는 것이에요.

♥ **한 문장 안에서 우리말과 영어 단어를 섞어 쓰지 마세요.**

우리말 문장을 완전하게 다 끝마친 후에 영어 문장을 말해야 해요. 한 문장 안에서 두 언어를 섞어 사용하면 이제까지 아기의 머릿속에 자리 잡은 언어체계가 혼란을 일으키면서 이중 언어 구분 능력이 파괴됩니다.

엄마와 토비는 어떻게 대화할까?

👩 (신나는 동요를 들려주며) **엄마랑 춤추자.** Let's dance with Mommy.

🧒 Let's dance.

👩 (춤 추며) **좋아. 엄마랑 춤추자!** OK. Baby and Mommy dance.

🧒 Baby and Mommy dance.

🧑‍🦰 (신나는 동요를 들려주며) **엄마랑 댄스하자.**

👶 **엄마, 댄스.**

🧑‍🦰 (춤 추며) **오우케이, 베이비랑 엄마랑 댄스하자.**

👶 **베이비, 엄마, 댄스.**

♥ **의성어와 의태어를 곁들여 맛있게 말해 주세요.**

두 언어로 말할 때 짧고 간단하게 말하면서 재미있게 반복하면 좋은데, 의성어나 의태어를 곁들이면 리듬이 살아나 아기의 흥미를 끌 수 있습니다. 짧고, 간단하고, 쉽고, 리듬감 있게! 기억하세요.

🧑‍🦰 **따끈따끈한 우유가 왔어. 냠냠 우유 많이 먹자. Here's your warm milk. Enjoy your yummy milk.**

10개월 된 아이를 키우는 엄마입니다. 아기가 태어나면서부터 두 언어로 꾸준히 말을 해 주었더니 8개월 접어들 무렵, 아기가 간단한 말을 두 언어로 다 알아듣더라고요. 그런데도 아기는 'Mommy' 보다는 '엄마'라고, 'milk'보다는 '우유'라고 더 많이 말하는데, 왜 그런 걸까요?

당연한 현상입니다. 엄마·아빠 중 한 명이 영어권 출신이거나 교포가 아닌 이상 아기가 두 언어를 똑같이 구사할 수는 없습니다. 아기는 우리말에 더 많이 노출된 환경에서 살기 때문이죠. 아기가 '우유'라는 단어 말고도 'milk'라는 단어를 듣고도 우유병을 잡으려고 한다면 이미 이중 언어 소리 환경에 충분히 노출되어 있다는 뜻입니다. 우리말 보다 영어 발화가 늦다 해도 듣기는 거의 똑같은 수준인 것이죠. 꾸준히 두 언어를 접하게 되면 어느 순간 영어가 우리말을 따라잡을 거예요.

명심하실 것은 이중 언어 환경을 만들어서 아기가 영어를 우리말처럼 친숙할 수 있도록 도와주는 것이지 완벽한 이중 언어 사용자로 만들려는 것은 아니라는 것입니다. 그것은 불가능한 목표일 수도 있고요.

동요를 아기에게 들려주면 아기도 몸을 들썩거리며 곧잘 따라 부르기도 합니다. 그런데 동요를 통해 구체적으로 어떻게 두 언어를 배울 수 있는 건가요? 그냥 반복해서 들려주거나 불러 주면 아기가 알아서 익히는 건가요? 아기는 가사 뜻도 정확히 모를 텐데요. 동요로 두 언어를 가르치는 구체적인 방법을 알고 싶습니다.

좋은 질문이에요. 그냥 동요를 틀어만 주는 것은 아기에게 일방적인 듣기를 강요하는 학습법이기 때문에 의미를 모르고 멜로디와 리듬만 익히게 되겠지요. 동요를 들려줄 때에는 엄마·아빠가 같이 듣고 가사를 아기에게 알려 주되 몸동작을 가미해야 효과적입니다. 엄마·아빠의 몸동작이나 표정을 통해 아기는 의미를 자연스럽게 파악하기 때문이죠. 이렇게 동요가 아기에게 지루한 학습이 아니라 즐거운 놀이로 인식되면 아기는 몇 번이고 반복해서 듣고 싶어할 것이고 가사를 통해 말을 익히게 될 것입니다.

★ 동요를 통한 효과적인 이중 언어 학습 방법

1 동요는 형용사 단어보다는 동사 단어가 많이 나오는 것이 좋아요.

2 느린 속도보다는 빠른 속도와 강한 리듬의 신나는 동요를 선택하세요. 아기는 신나는 동요에 더 집중하기 때문입니다.

3 우리말 동요를 먼저 들려줍니다.

4 반복해서 들으며 아기와 신나게 춤을 추며 즐깁니다.

5 아기가 어느 정도 익숙해지면 엄마·아빠 목소리로 천천히 불러 줍니다. 아기가 엄마·아빠의 입을 보고 가사를 익히도록 하기 위함입니다.

6 따라 부르기를 강요하지 마세요. 반복해서 즐기다 보면 아기는 어느 순간 따라하게 되어 있습니다.

7 아기가 가사를 대충 파악할 무렵, 엄마·아빠는 노래 가사에 어울리는 동작을 곁들여 가며 노래를 부릅니다. 엄마·아빠의 몸동작으로 아기는 가사의 의미를 파악하게 됩니다.

8 동요를 들으며 엄마·아빠가 신나게 불러 주며 몸동작을 곁들입니다. 아기는 엄마·아빠를 따라 노래 부르고 춤을 추게 됩니다.

9 우리말 동요에 익숙해지면, 이번에는 영어 동요를 들려줍니다.

10 우리말 동요를 익힌 방법과 동일하게 영어 동요를 듣고 불러 줍니다.

11 아기는 이미 의미를 파악했으므로 신나게 춤추며 즐기면 됩니다.

🎵 Ten little Indians

한 꼬마 두 꼬마 세 꼬마 인디언

넷 꼬마 다섯 꼬마 여섯 꼬마 인디언

일곱 꼬마 여덟 꼬마 아홉 꼬마 인디언

열 꼬마 인디언

열 꼬마 아홉 꼬마 여덟 꼬마 인디언

일곱 꼬마 여섯 꼬마 다섯 꼬마 인디언

넷 꼬마 세 꼬마 두 꼬마 인디언

한 꼬마 인디언

One little two little three little Indians

Four little five little six little Indians

Seven little eight little nine little Indians

Ten little Indian boys

Ten little nine little eight little Indians

Seven little six little five little Indians

Four little three little two little Indians

One little Indian boy

🎵 Are you sleeping?

자고 있어?

자고 있어?

존 형, 존 형,

아침 종이 울려.

아침 종이 울려.

딩댕동

Are you sleeping?

Are you sleeping?

Brother John, Brother John,

Morning bells are ringing.

Morning bells are ringing.

Ding dang dong

🎵 Bingo

농부가 키우는 개 이름은 빙고라지요.

B-I-N-G-O, B-I-N-G-O, B-I-N-G-O,

빙고는 개 이름.

There was a farmer who had a dog.

And Bingo was his name.

B-I-N-G-O, B-I-N-G-O, B-I-N-G-O,

And Bingo was his name.

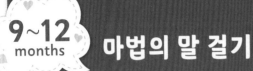

9~12 months 마법의 말 걸기

기억하세요!

- 한 표현 당 적어도 50~100번 정도 말해야 엄마·아빠도 아기도 기억할 수 있습니다.
- 두 언어로 말을 걸 때는 반드시 '우리말 → 영어'의 순서를 지키세요.
- 절대로 한 문장 안에서 우리말 단어와 영어 단어를 섞어 쓰지 마세요. 아기의 뇌에 자리 잡힌 이중 언어체계가 무너져 혼란을 일으킬 수 있습니다.
- 천천히 입을 크게 벌리고 정확하게 발음하세요.
- 가르치려는 욕심은 내려 놓고 대화하듯이 말을 걸어 주기만 하세요.
- 음원을 활용하여 여러 번 듣고 따라서 아기에게 말을 걸어 보세요.

6 - 1

이유식 먹기

간식 시간이야. It's snack time.

턱받이를 하자. Let's put on your bib.

엄마가 사과 주스를 만들었어. I made some apple juice.

사과 주스를 맛볼까? Let's try some apple juice.

아 하고 입 벌려 봐. Open your mouth.

어때? 맛있어? How is it? Is it good?

144

더 먹자. Let's eat a little more.

옳지, 잘 먹네. There you go. You're a good eater.

다 먹었다. All done.

입 깨끗이 닦자. Let's clean your mouth.

배불러? Are you full?

더 먹을래? Do you want some more?

손톱·발톱 잘라 주기

이건 네 손톱[발톱]이야. These are your fingernails[toenails].

이건 손톱깎이야. This is a nail cutter.

엄마가 손톱 깎아 줄게. I'll cut your finger nails.

손을 내밀어 봐. Give me your hand.

하나도 안 아파. It doesn't hurt at all.

거 봐. 하나도 안 아프지? See? It doesn't hurt.

이제 깨끗해졌다. So clean now.

동요 부르기

우리 노래 부르자. Let's sing a song.

우리 아기 노래 잘 부르네. You're a good singer.

음악에 맞춰 춤출까? Do you want to dance to the music?

우리 아기 춤 잘 추네. You're a good dancer.

엄마랑 같이 부르자. Let's sing a song together.

엄마가 노래 불러 줄게. Mommy will sing a song for you.

6 - 4

걸음마 연습하기

우리 걸음마 연습하자. **Let's try walking.**

일어서서, 엄마 손 잡아 봐. **Stand up and hold my hands.**

한 발 딛고, 또 한 발 딛고! **One step, another step!**

옳지, 옳지, 잘한다. **There you go, there you go.**

만세! 네가 해냈어! **Hooray! You did it!**

이제 우리 아기도 걸을 수 있네! **Now you can walk!**

괜찮아. 다시 해 보자. **That's OK. Let's try again.**

6 - 5

물건들을 입에 자꾸 넣을 때

이 단추는 너에게 위험해. **This button is dangerous for you.**

이건 너무 작아. **This is too small.**

이것들은 네가 갖고 놀기엔 너무 작아. **These are too little for you.**

네가 삼킬 수도 있어서 그런 거야. **You might swallow them.**

만지지 마세요. **Please don't touch.**

단추를 입에 넣지 마세요. **Please don't put the button in your mouth.**

6 - 6

공 주고받기

공놀이하자. **Let's play with a ball.**

공 좀 줄래? **May I have the ball?**

엄마 줄래? **May I have it?**

여기 있어. **Here you are.**

고마워. **Thank you.**

6-7

전등 스위치를 갖고 놀기

전등을 켜 보자. **Let's turn on the light.**

이 버튼을 눌러봐. **Push this button.**

놀랐지? **Surprise!**

전등을 꺼 보자. **Let's turn off the light.**

6-8

서랍을 열고 닫기

서랍을 당기면, 열리네! **When you pull the drawer, it opens!**

서랍을 밀면, 닫히네! **When you push the drawer, it closes!**

서랍 안에 무엇이 있을까? **What could be in the drawer?**

안에 뭐가 있는지 보자. **Let's see what's inside.**

이것 봐. 토비 양말이 있네. Look. Here are Toby's socks.

가전제품을 만지며 놀기

이 기계는 전기밥솥이야. This machine is a rice cooker.

이 하얀 연기는 뜨거워. This white smoke is very hot.

아야! 아야! 정말 뜨거워! Ouch! Ouch! It's very hot!

조심해야 돼. We must be careful.

이 기계는 진공청소기야. This machine is a vacuum cleaner.

모터 소리 들리니? Can you hear the motors?

진공청소기로 집을 청소하자. Let's clean the house with the vacuum cleaner.

Stage 3

Talk to My Baby

놀이와 그림책을 통해 두 언어를 만나요

신체 움직임이 왕성한 만큼 아기의 언어도 폭발적으로 확장되는 시기,
이중 언어 환경을 만들어 줄 엄마·아빠의 마음가짐

1 그림책을 통해서 두 언어를 들려줘요.

이제 아이는 엄마·아빠가 읽어 주는 책을 5분 이상 집중하여 들을 수 있게 됩니다. 그림책을 통해 단어, 문장, 그리고 새로운 세계를 경험할 수 있습니다.

2 놀이를 통해 두 언어를 자연스럽게 습득하도록 도와주세요.

언어는 수없이 반복해서 들려준 것을 머릿속에 기억해 두었다가 어느 날 입 밖으로 내뱉게 되는 것인데, 그 과정이 지루하고 재미없다면 아기가 기억하기 힘들겠지요. 아기가 재미있게 반복하여 즐길 수 있는 '언어 놀이'가 되어야 합니다.

3 다른 또래 아기와 비교하거나 아기의 언어 실력을 테스트 하지 않아요.

아기가 말을 하기 시작하면 내 아기가 '말이 빠르다, 느리다, 벌써 한글을 뗐다, 영어 단어를 100개나 안다' 등 다른 아기들과 비교하고 조급한 마음이 들기 시작합니다. 아기에게 두 언어를 가르치는 이유는 어렸을 때부터 즐겁고 자연스럽게 습득하게 도와주기 위해서이지, 빨리 혹은 많이 배우게 하기 위해서가 아닙니다. 특히 아기는 성장 단계, 즉 두뇌 발달에 따라 개인차가 많이 나기 때문에 남보다 조금 늦더라도 전혀 신경 쓸 필요가 없습니다.

4 단어나 문어체가 아닌 회화체로 말을 걸어 주세요.

아기와 대화를 나누거나 책을 읽어 주는 궁극적인 목표는 이를 통해 아기가 완벽한 문장을 말할 수 있게 하기 위함입니다. 그렇기 때문에 아기의 질문에 간단한 단어로 대답하거나 책 속 문장을 그대로 읽어 주기 보다는 회화체로 말을 하거나 읽어 주세요.

5 듣기 능력과 말하기 능력은 별개이므로 적극적으로 말하기 연습을 시켜주세요.

말하기 연습은 거창한 발성 연습이 아니라, 아기가 입 근육을 움직여가며 소리 내어 말하는 것을 유도해 주는 것입니다. 아기가 좋아하는 놀이나 대화를 통해 발화로 이끌어주는 엄마·아빠의 역할이 중요하겠지요.

6 우리말과 영어를 각각 다른 시간에 접하게 해요.

돌이 지나면서 아기는 엄마·아빠 외의 주위 사람들의 말도 많이 듣게 됩니다. 영어보다 우리말이 훨씬 더 귀에 익숙해지고 편해져서 아기는 우리말을 선호하여 들으려 합니다. 이때부터 '우리말 → 영어' 순서로 들려주었던 방식이 효용성을 잃게 됩니다. 같은 시간에 두 언어를 접해 주면 우리말만 선호하여 들으려 하고 영어는 들으려 하지 않기 때문이죠. 이 시기부터는 각각 다른 시간에 두 언어를 따로따로 들려주는 것도 좋습니다.

7 TV나 영상은 보여 주지 않아요.

영상의 자극적인 소리와 현란한 색은 아기가 멍하니 보고만 있게 만듭니다. 이것이 장시간 반복적으로 지속되면 아기에게 언어지체나 언어장애현상이 나타날 수 있습니다.

8 방문 교육 학습지나 영어 과외는 하지 않아요.

이 시기 아기는 분리 불안을 가장 강하게 느끼므로 낯선 사람이 말을 거는 것만으로도 두려움을 느낄 수 있습니다. 체계적인 커리큘럼이 있는 학습지 선생님이나 회화가 능통한 원어민 강사가 실력 면에서는 엄마·아빠보다 나을 수 있겠지만, 아기의 정서 및 발달 단계, 학습 능력을 정확하게 파악하지 못하므로 개인차를 고려하지 않은 일관된 수업이 되기 쉬워요. 만 3세 이전까지 최고의 언어 선생님은 바로 엄마·아빠 임을 명심하세요.

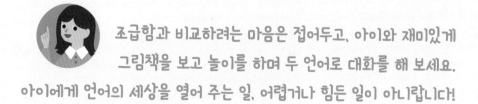

조급함과 비교하려는 마음은 접어두고, 아이와 재미있게 그림책을 보고 놀이를 하며 두 언어로 대화를 해 보세요. 아이에게 언어의 세상을 열어 주는 일, 어렵거나 힘든 일이 아니랍니다!

그림책으로
두 언어를 들려주기

13~15 months 아기의 변화

● 언어 발달

식구들의 이름이나 호칭을 정확하게 안다.
즐겨 쓰는 단어가 생긴다.
발음하기 쉬운 말소리를 선택한다.

● 청각 발달

우리말과 영어를 구분하여 듣는다.
간단한 질문을 알아듣고 대답한다.
동물의 울음소리를 알아 듣는다.

● 운동 신경 발달

혼자 능숙하게 일어선다.
걸음마가 능숙하다.
몸을 굽혀 바닥에 떨어진 사물을 주울 수 있다.
옷을 갈아입을 때 손발을 내밀어 준다.

● 아기의 생활

생각해서 행동하기 시작한다.
기질이 뚜렷하게 나타난다.
수면 시간이 줄어든다.

16~18 months 아기의 변화

● 언어 발달

우리말과 영어를 구분하여 알아듣고 두 언어로
대답한다.
2개의 단어를 조합해서 말할 수 있다.
사물의 기능 및 상관관계를 통하여 단어를 기억
하고 떠올린다.

● 청각 발달

두 가지 내용을 포함하는 말을 알아듣는다.
듣기 능력이 말하기 능력보다 2배 더 앞서 있다.

● 운동 신경 발달

크레파스를 쥐고 낙서를 한다.
흘리지 않고 컵으로 마실 수 있다.
블록을 2~3개까지 쌓아 올릴 수 있다.
손을 잡고 계단을 오르내릴 수 있다.

● 아기의 생활

먹을 수 있는 것과 없는 것을 구별할 수 있다.
칭찬받은 행동은 다시 반복한다.
엄마의 행동을 바로 모방하지 않더라도 나중에
혼자 재현할 수 있다.

이중 언어 소리 환경의 포인트

♥ **친숙한 사물이 나오는 그림책을 두 언어로 읽어 주세요.**

젖병, 의자, 컵 등 아기가 일상생활에서 매일 접하는 사물이 나오는 그림책을 두 언어로 읽어 주면, 아기는 자연스럽게 의미를 파악하고 받아들입니다. 줄거리가 있고 내용이 긴 스토리 북은 시기상조! 그림책은 매일 규칙적으로 읽어 주세요. '하루 10분'을 목표로 잡고 조금씩 시간을 늘려가 보세요. 그림책은 아기가 직접 집어 들고 볼 수 있을 정도로 작은 크기가 좋으며, 아기 눈에 잘 띄는 곳에 두세요. 손가락으로 그림을 가리키면서 동시에 두 언어 소리로 발음을 들려줘야 합니다.

엄마와 토비는 어떻게 대화할까?

🧑‍🦰 (그림책의 숟가락 그림을 손가락으로 짚으면서) **이건 숟가락이야. This is a spoon.**

👶 **Spooon.**

🧑‍🦰 (그림을 손가락으로 짚으면서) **그래, 우리 아기의 숟가락이야. 숟가락이 예쁘네. Yes, this is your spoon. It's a pretty spoon.**

👶 **Spoooon.**

잠깐, 이렇게 하면 안돼요!

🧑‍🦰 (그림책의 숟가락 그림을 손가락으로 짚으면서) **이건 숟가락이야. This is a spoon. 엄마도 숟가락으로 밥을 먹고, 아기도 숟가락으로 이유식을 먹지? 숟가락은 이렇게 손으로 잡고 떠먹는 거야.**

> 한 문장에서 우리말과 영어를 섞어서 말하지 않아요.

(엄마 말이 길어지자 귀찮다는 듯 단어만 내뱉는다.) **숟가락~~**

마법의 말 걸기 7-2, 7-3 (p.163)을 참고하세요.

♥ 아기의 호기심을 유발해 가며 그림책을 읽어 주세요.

엄마·아빠가 그림책을 보고 깜짝 놀라며 엄청난 것을 발견한 것처럼 호들갑을 떨면 아기의 주의를 끌고 호기심을 자극할 수 있습니다.

엄마와 토비는 어떻게 대화할까?

(그림을 보면서 큰 소리로) **어머, 이것 좀 봐! Wow, look at this!**

(엄마의 소리를 듣고 그림을 본다.)

(그림을 가리키면서) **와! 맛있는 바나나다! 바나나! Wow! A yummy banana! A banana!**

(신이나 큰 소리로 따라한다.) **Banana!**

(그림을 먹는 시늉을 하며) **정말 맛있다! 바나나! So good! Banana!**

(먹는 시늉을 한다.) **Banana!**

또한, 아기가 처음 보는 그림일 수록 흥미를 갖고 귀를 기울이는 경우가 많아요. 그때 썰렁하게 단어만 읽어 주고 넘어가면, 아기가 정확한 뜻을 파악하기 힘들뿐더러 더 이상 관심도 갖지 않을 수 있어요. 아기의 시선을 끄는 몸동작과 재미난 의성어를 섞어 읽어 주거나 직접 그 사물을 보여 주면서 읽어 주는 것이 효과적입니다. 아기가 엄마의 몸짓과 소리를 듣고 뜻을 파악했다고 느끼면 큰 소리로 해당 그림의 단어를 두 언어로 외쳐주며 만져보게 하세요.

(그림을 보면서 입맛을 쩝쩝 다시며) **와, 냠냠 맛있는 사탕이다! Oh, it's a yummy yummy candy!**

(그림을 본 후 엄마 얼굴 표정을 본다.) **Candy.**

(그림을 빨아먹는 시늉을 하며) **음, 사탕은 맛있어! Mmmm, the candy is good!**

(입맛을 다시며 엄마 말을 따라한다.) **Candy… good.**

(그림을 만지작거리며) **그래, 사탕이야. 사탕! Yes, it's a candy. Candy!**

(엄마처럼 그림을 만지며) **Candy.**

♥ 단어는 대화체로 알려 주세요.

단어 그 자체만 앵무새처럼 반복하여 읽어 주는 주입식이 아니라 즐거운 대화체로 살을 붙여 읽어 주세요. 아이가 음성 언어를 익히고 말이 조금씩 트는 시기이므로 문장 안에 서 단어를 경험할 수 있게 해 주세요.

(공 그림을 손가락으로 짚으면서) **어, 공이다. 통, 통, 통. 공이다. Oh, it's a ball. Boing, boing, boig. It's a ball.**

(엄마 말을 들으며 그림을 보고 따라한다.) **It's… a… ball.**

같은 단어를 반복해서 주입식으로 알려 주는 것은 전혀 효과가 없습니다.

 (공 그림을 손가락으로 짚으면서)
**이건 공이야. 공, 공, 공. This is a ball.
Ball, ball, ball.**

(엄마 말을 지루해 하며) **공~ 공~ Ba…ll.**

🐝 **마법의 말 걸기 7-9 (p.171)를 참고하세요.**

♥ 단어의 연결 고리를 만들어 주세요.

아기가 아는 단어이긴 한데 잘 따라 하지 않거나 기억하지 못할 때는 그 단어를 연상 시킬 수 있는 연결 고리를 만들어 줘야 합니다. 예를 들어, 우리말 '고양이'는 말할 줄 아는데, 영어 'cat'은 잘 기억하지 못할 때는 고양이의 울음소리나 몸동작을 알려 주어 단어를 떠올릴 수 있도록 도와주는 것이죠. '길다, long'을 잘 기억하지 못하면 두루마리 휴지를 길게 풀어헤치면서 "길~~~~어요, long"이라고 말할 수 있지요.

 (그림을 가리키면서) **숟가락이네! It's a spoon!**

(그림을 보고도 별 반응이 없다.)

(아기가 좋아하는 푸딩을 가져와서) **숟가락으로 푸딩을 냠냠 먹어요! Eat your pudding with a spoon!**

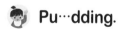 **Pu…dding.**

👩 (숟가락으로 푸딩을 떠먹이면서) **푸딩을 무엇으로 떠먹을까? 숟가락이지? How do you eat your pudding? With a spoon!**

👶 (기분이 좋아져서) **Spooon.**

👩 **그래, 숟가락으로 먹는 거야. 숟가락!** (숟가락으로 푸딩을 퍼준다) **Yes, eat with a spoon. Spoon!**

👶 (신나게 받아먹으면서) **Spooon.**

(며칠 뒤)

👩 (푸딩 없이 숟가락 그림을 보여 주며) **우리 아기가 이걸로 푸딩 먹었지. 뭐였더라? You had pudding with this. What was it?**

👶 (기억을 떠올리며) **Spoon.**

♥ 아기가 단어를 알고 있는지 확인하려 하지 마세요.

아이가 영어 단어 몇 개를 말할 줄 안다는 사실에 흥분하여 "이건 뭐야? What's this?"라고 물으며 아기의 언어 실력을 확인하려 하지 마세요. 아기가 그림책 읽는 시간을 학습 시간이 아닌 '엄마와 즐겁게 교감하는 시간'으로 느껴야 합니다. 질문이나 따라하기를 강요한다면, 아기의 그림책에 대한 흥미뿐만 아니라 영어 자체에 대한 흥미도 떨어질 수 있어요.

질문있어요!

13개월 된 딸, 주영이의 엄마예요. 돌 전부터 그림책에 흥미를 갖고 보기 시작하더니 이제는 매일 그림책을 가져와 읽어달라고 해요. 제가 그림책을 읽어 주면 눈을 반짝이며 가만히 앉아 집중해서 듣는답니다. 집중 시간이 다른 아기들보다 훨씬 더 길고, 요즘엔 글자에도 관심을 보이는데 지금부터 한글과 알파벳을 가르쳐도 될까요?

이렇게 어렸을 때부터 책을 좋아하는 아기는 그렇지 않은 아기보다 언어 발달이 훨씬 빠르고 사고력도 높기 때문에 매우 좋은 현상입니다. 하지만 만 3살 이전에 한글이나 알파벳을 가르치는 것은, 단어의 개념을 정확히 모른 상태에서 문자만 줄줄 읽게 만드는 무의미한 교육이 되기 쉽습니다. 문자를 가르칠 때 가장 중요한 것은 낱낱의 글자를 읽는 것이 아니라 단어와 문장의 의미를 이해하는 것임을 기억하세요. 말하기와 듣기 위주의 언어 교육에 집중하세요.

지금은 마음껏 뛰어 놀면서 말을 배우는 시기입니다. 그림책이나 이야기책을 엄마·아빠의 목소리로 재미나게 읽어만 주세요. 그러다 보면 아기는 그림책에 나온 단어나 문장들을 귀로 듣고 기억해 두었다가 어느 날 자연스럽게 입 밖으로 내뱉게 될 것입니다.

13~18 months 마법의 말 걸기

기억하세요!

두 언어로 말을 걸 때는 반드시 '우리말 → 영어'의 순서를 기억하세요.
절대로 한 문장 안에서 우리말 단어와 영어 단어를 섞어 쓰지
마세요. 아기의 뇌에 자리 잡힌 이중 언어 체계가 무너져
혼란을 일으키기 때문입니다.
천천히 입을 크게 벌리고 정확하게 발음하세요.
재미있는 몸동작과 의성어를 적극 활용하세요.
음원을 활용하여 여러 번 듣고 따라서 아기에게 말을 걸어 보세요.

7-1

씻기기

손이 더러워졌네. Your hands are dirty.

손[얼굴] 씻자. Let's wash your hands[face].

수도꼭지를 틀어 주세요. Turn the faucet on.

수도꼭지를 잠가 주세요. Turn the faucet off.

너무 뜨겁니[차갑니]? Is it too hot[cold]?

비누칠 하자. Let's use the soap.

비누를 씻어 내자. Let's rinse it off.

수건으로 닦자. Let's use the towel.

7·2
사물 보여 주기

저거 보이니? Can you see that?

저건 시계야. That's a clock.

이것 좀 봐. Look at this.

이건 뭘까? What's this?

이건 의자야. This is a chair.

그림책 읽어 주기

이건 너의 책이야. **This is your book.**

정말 귀엽다. **It's so cute.**

네가 책을 펼쳐 볼래? **Can you open the book?**

다음 페이지로 넘겨주세요. **Next page, please.**

이 그림 좀 봐. **Look at this picture.**

이건 강아지야. **This is a dog.**

강아지가 보이니? **Can you see a dog?**

강아지는 어떻게 말하지? **What do dogs say?**

강아지는 '멍멍'하고 말해. **Dogs** say 'bow-wow.'

- 고양이 - **cats** / 병아리 - **chicks** / 소 - **cows** / 오리 - **ducks** / 돼지 - **pigs** / 꿀벌 - **bees** / 사자 - **lions**

고양이는 '야옹야옹'하고 말해. Cats say 'meow-meow.'

병아리는 '삐약삐약'하고 말해. Chicks say 'cheep-cheep.'

소는 '음메음메'하고 말해. Cows say 'moo-moo.'

오리는 '꽥꽥'하고 말해. Ducks say 'quack-quack'.

돼지는 '꿀꿀'하고 말해. Pigs say 'oink-oink.'

꿀벌은 '붕붕'하고 말해. Bees say 'buzz-buzz.'

사자는 '어흥어흥'하고 말해. Lions say 'roar-roar.'

7-4

아기가 일어서거나 앉을 때

졸려? Are you sleepy?

일어설 수 있니? Can you stand up?

옳지. There you go.

이번엔 앉을 수 있니? Now, can you sit down?

잘했어. Good job.

걸을[달릴] 수 있니? Can you walk[run]?

정말 잘 걷네. You can walk very well.

정말 잘 뛰네. You can run so well.

7-5

아기가 물놀이 할 때

물놀이 하자. Let's play with water.

욕조에 들어가자. Let's get you in the bathtub.

물장구치자. 철썩, 철썩, 철썩! Let's splash. Splash, splash, splash!

물오리 인형을 가지고 놀자. Let's play with your rubber ducky.

비눗방울을 만들어 보자. 뽀글, 뽀글. Let's make some bubbles. Bubble, bubble.

비눗방울을 터뜨려 보자. 퐁, 퐁. Let's pop the bubbles. Pop, pop.

수영하자. Let's swim.

수영 잘하네. Wow, you swim well.

7·6
아기가 흔들 말을 탈 때

흔들 말 타자. Let's ride a rocking horse.

말 위에 올라타세요. Get on the rocking horse.

손잡이를 잡으세요. Hold the handles.

발판 위에 두 발을 올려놓으세요. Put your feet on the footrest.

엄마가 흔들어 줄게. Mommy's going to rock you.

꽉 잡아. Hold on tight.

재미있어? Is it fun?

이제 내려오자. Time to get off.

7-7

전화 놀이하기

따릉, 따릉. 전화벨이 울리네. Ring, ring. The phone is ringing.

네가 전화 받아 줄래? Can you answer the phone?

'여보세요'라고 말해 봐. Say "Hello."

여보세요? 토비 좀 바꿔 주세요. Hello? Toby, please.

누구세요? Who's calling, please?

나는 지니야. This is Jinny.

잠시 기다리세요. Hold on, please.

토비니? Is this Toby?

네, 토비예요. Yes, this is Toby.

다시 통화하자, 안녕! Talk to you later, bye!

6번을 눌러 주세요. Press number 6.

블록 놀이하기

멋진 블록이 많네. You have many nice blocks.

블록을 쌓아 보자. Let's stack the blocks.

집짓기를 해 보자. Let's try building a house.

이 블록을 저 블록 위에 놓아 보자. Put this block on that one.

저런! 블록이 무너졌네. Oh, no! Your blocks fell down.

다시 쌓아 보자. Let's stack them again.

이 블록은 무슨 색이지? What color is this block?

더 높이 쌓아 보자. Let's stack them higher.

대화체로 단어 설명하기

공이야. 통, 통, 통. It's a ball. Boing, boing, boing.

사탕이야. 냠, 냠, 냠. It's a candy. Yummy, yummy, yummy.

문이야. 똑, 똑, 똑. It's a door. Knock, knock, knock.

자동차야. 부릉, 부릉, 부릉. It's a car. Vroom, vroom, vroom.

시계야. 똑딱, 똑딱, 똑딱. It's a clock. Tick-tock, tick-tock, tick-tock.

기차야. 칙칙폭폭, 칙칙폭폭, 칙칙폭폭. It's a train. Chew-chew, chew-chew, chew-chew.

19~24 months

반대말, 수, 색깔을 두 언어로 말하기

172

19~21 months 아기의 변화

● 언어 발달

눈 앞에 없는 사물에 대해서도 말을 한다.
2~3개 단어를 조합하여 말하기 시작한다.
세 가지 내용을 포함하는 간단한 지시어를
이해하고 행동한다. (서랍을 열고 공을 꺼내서
엄마한테 줘. Open the dresser, take out the ball and
give it to Mommy.)
형용사·부사를 사용하여 말할 수 있다.
의문형의 표현을 쓰기 시작한다.

● 청각 발달

알아듣는 단어 수가 폭발적으로 늘어난다.
동작과 관련된 말을 이해하고 곧바로 행동에
옮긴다.

● 운동 신경 발달

넘어지지 않고 달릴 수 있다.
혼자서 계단을 오르내릴 수 있다.
빨대 없이 입으로 물을 마실 수 있다.

● 아기의 생활

자아가 싹튼다.
활동 범위가 넓어진다.
자기 물건에 대한 소유욕을 강하게 나타낸다.
다양한 색깔과 모양을 구별한다.

22~24 months 아기의 변화

● 언어 발달

문장이 구성되는 법칙(문법)을 조금씩 터득하
기 시작한다.
간단하고 짧은 이야기는 들을 수 있다.
감정이나 생각을 단어나 짧은 문장으로
표현할 수 있다.

● 청각 발달

박자 감각이 발달하여 리듬에 맞추어 춤을
출 수 있다.

● 운동 신경 발달

두 발 모아 뛰기를 할 수 있다.
공을 발로 찰 수 있다.

● 아기의 생활

다른 아기들에게 관심을 갖고 어울리기
시작한다.
자기 물건과 다른 사람의 물건을 구별한다.

이중 언어 소리 환경의 포인트

19~24 months

♥ 아기가 **의문형의 표현을 쓸 때, 두 언어로 다시 말해 주세요.**

아기가 '공 어디? 엄마 가? 아빠 아파?'와 같은 의문형 문장을 쓰기 시작하고 끝 억양을 올려서 말하기도 합니다. 이때, '우리말→영어' 순서대로 알맞은 문장으로 바꿔 말해 주세요. 간단한 의문형 문장을 많이 말해 주면 좋습니다.

엄마가 토비에게 말해 주세요. : 질문 문장

장소(where)에 관한 질문

어디가? Where are you going?

너는 어디에 있니? Where are you?

엄마는 어디에 있어? Where's Mommy?

무엇(what)에 관한 질문

뭐하니? What are you doing?

이건 뭐니? What's this?

누구(who)에 관한 질문

누구야? Who are you?

저 남자[여자]는 누구야? Who is he[she]?

상태(be)를 묻는 질문

춥니? Are you cold?

배고프니? Are you hungry?

그것은 크니? Is it big?

♥ 다양한 반대말을 동작과 함께 두 언어로 알려 주세요.

이중 언어 습득에 있어서 가장 강력한 언어 자극은 반대말입니다. 뜻을 굳이 설명하지 않아도 눈으로 보고 의미를 쉽게 파악할 수 있고, 반대말을 통해 감정 표현이나 추상적인 개념을 쉽고 빠르게 이해할 수 있기 때문입니다. 유아 영어 그림책 중에서 '반대말 그림책(Opposite Books)'이 많은 이유도 이 때문이지요. 아이가 반대말을 확실히 이해하고 나면, 엄마가 "A와 B는 반대말! A and B is opposite, opposite!"라고 말하면서 양쪽 검지를 서로 바깥쪽으로 향하여 치켜세우는 동작을 함께 해 주세요. 엄마의 과장된 표정과 동작이 선명한 이해를 돕는다는 것을 명심하세요!

엄마가 토비에게 말해 주세요. : 반대말 형용사

깨끗한 - clean		더러운 - dirty
가득 찬 - full		텅 빈 - empty
새 것인 - new		오래 된 - old
젖은 - wet		마른 - dry
기쁜 - happy		슬픈 - sad
같은 - same		다른 - different
먼 - far	↔	가까운 - near
가벼운 - light		무거운 - heavy
높은 - high		낮은 - low
뜨거운, 더운 - hot		차가운, 추운 - cold
넓은 - wide		좁은 - narrow
빠른 - fast		느린 - slow
쓴 - bitter		달콤한 - sweet
깊은 - deep		얕은 - shallow

♥ 아기에게 말을 걸거나 책을 읽어 줄 때는 단어나 문어체가 아닌
회화체로 하세요.

예를 들어, 아이가 "엄마 어디에 있어? Where are you?"라고 물었을 때, "부엌, kitchen"
이라고 대답하지 말고, "나는 부엌에 있어. I'm in the kitchen."이라고 대답하세요. 특히
우리말 그림책에는 문어체가 많이 쓰이기 때문에, 책에 쓰인 문장을 그대로 읽은 후 자연
스러운 회화체로 바꿔 말해 주면 좋습니다.

엄마와 토비는 어떻게 대화할까?

(그림책을 보며) **나는 걷습니다. I walk.**

(엄마 말을 따라하며) **I walk.**

(회화체로 바꿔서) **내가 걸어가요. I'm walking.**

I'm walking.

♥ 생활 그림책에 나오는 문장은 목적어를 넣어 읽어 주세요.

아기 생활과 밀접한 내용이 담긴 생활 그림책을 읽어 주되, 좀 더 구체적으로 '목적어'를
넣어 읽어 주세요. 아이가 이미 알고 있는 단어들을 활용하면 더 좋겠지요. 생활 그림책
을 읽은 후에, 그림 속 행동을 흉내 내는 놀이를 하면 아기가 더 실감나게 의미를 이해하
게 됩니다.

목적어를 넣어 읽어 주기 좋은 문장

나는 만들어요. I make.

→ 나는 케이크를 만들어요. I'm making a cake.

나는 타요. I ride.

→ 나는 그네를 타요. I'm riding a swing.

나는 먹어요. I eat.

→ 나는 밥을 먹어요. I'm eating some rice.

나는 마셔요. I drink.

→ 나는 주스를 마셔요. I'm drinking some juice.

나는 입어요. I wear.

→ 나는 바지를 입어요. I'm wearing pants.

나는 벗어요. I take off.

→ 나는 코트를 벗어요. I'm taking off my coat.

나는 열어요. I open.

→ 나는 문을 열어요. I'm opening the door.

나는 닫아요. I close.

→ 나는 창문을 닫아요. I'm closing the window.

♥ 색깔과 도형을 두 언어로 말해 주세요.

아기가 색깔이나 도형에 대해 큰 관심을 갖는 시기입니다. 아기와 함께 블록 쌓기·퍼즐 맞추기·점토 놀이·풍선 놀이 등 다양한 활동을 하며 색깔과 도형을 우리말로 먼저, 영어로 이어서 알려 주세요.

엄마가 토비에게 말해 주세요. : 색깔과 도형

색깔

빨강 - red	노랑 - yellow	검정 - black
흰색 - white	초록 - green	보라 - purple
파랑 - blue	분홍 - pink	주황 - orange
회색 - gray	갈색 - brown	하늘색 - sky-blue

도형

세모 - triangle	네모 - square	동그라미 - circle
하트 - heart	마름모 - diamond	

🐝 마법의 말 걸기 8-5 (p.188)를 참고하세요.

♥ 0부터 10까지 숫자 세기를 다양한 놀이를 통해 두 언어로 알려 주세요.

아기가 좋아하는 놀잇감이나 간식으로 "아빠 하나, 아기 하나, 엄마는 둘. One for Daddy, one for baby, two for Mommy."라고 말하며 사물과 숫자를 대응시켜가며 숫자 개념을 알려 주세요.

♥ 그림 단어 카드를 이용한 놀이를 시작하세요.

그림 단어 카드는 사물을 인지할 수 있는 능력과 기억력을 키워줍니다. 크기는 아기가 손에 쥐고 볼 수 있을 정도가 적당합니다. 그림 단어 카드를 이중 언어 학습에 이용할 때는 처음은 우리 말로, 두 번째는 영어로 알려 주되 지루하지 않도록 큰 소리로 리듬감 있게 말해 주세요.

★ 그림 단어 카드를 활용한 효과적인 이중 언어 학습 방법

1 카드를 숨겼다가 꺼내 놓기, 여러 장 늘어놓고 카드 찾기, 카드로 기차 만들기, 카드를 벽에 붙이기, 카드 단어와 실제 사물 짝짓기, 카드 그림 흉내내기 등 다양한 놀이로 풀어내세요.

2 각 카드에 재미있는 이야기를 더해가며 단어를 알려 주세요. 예를 들어, "이건 카메라야. **This is a camera.**"보다는, "카메라로 얼굴을 찍어 봐. 김치~ **I'll take a picture with the camera. Smile.**"이라고 말해 주는 것이죠. "이건 뭐지? **What's this?**"라고 묻는 대신에, "빨갛고 맛있는 이 과일이 뭘까요? **What's this red and yummy fruit?**"와 같이 다양한 질문으로 물어보는 것이죠.

3 하루에 10~20장 정도만, 5~10분 정도가 적당해요.

4 아이가 흥미를 보이지 않으면 즉시 중단하세요.

5 "이건 사과야. **This is an apple.**"처럼 엄마·아빠가 가르치듯 일방적으로 말을 하지 마세요.

♥ 짧고 간단한 스토리의 이야기책을 읽어 주세요.

이야기책은 10쪽 이내가 적당해요. 아이의 생활과 밀착된 내용이 좋으며, 엄마·아빠가 과장된 하이톤으로 신나게 읽어 주세요. 아이가 얼마나 흥미를 붙이냐에 따라 지금의 아주 짧은 이야기책이 훗날 긴 책을 읽어낼 때의 집중도와 흥미도로 이어진다는 것을 명심하세요. 아이가 재미있어 하는 책은 집중적으로 여러 번 읽어 주세요. 책 한 권을 아이에게 다 읽어 주지 않아도 됩니다. 그림과 관련된 문장만 추려서 읽어 주어도 됩니다. 책을 읽고 난 후에는 반드시 역할 놀이를 하세요.

★ 이야기책을 활용한 효과적인 이중 언어 학습 방법

1 리듬을 살려 노래하듯 읽어 주세요.

2 의성어와 의태어는 특히 실감나게 읽어 주세요.

3 내용에 따라 다양한 표정, 목소리, 동작을 곁들여 보세요.

4 긴 문장은 끊어서, 혹은 팍팍 줄여 짧은 문장으로 읽어 주세요.

5 읽는 사이사이 아기와 대화를 나누어 보세요.

6 글자가 아닌 그림 위주로 읽어주세요. 손가락으로 글씨를 짚어가며 읽는 것은 역효과!

♡ **아기의 대답에 엄마·아빠가 다시 질문을 던져 아기가 말을 많이 할 수 있도록 유도해 주세요.**

사물의 이름을 두 언어로 가르쳐 주면 아기는 좀 더 세부적이고 구체적인 정보들을 알고 싶어해요. 아기에게 다양한 질문을 계속해서 물어주면 아기가 대답은 못하더라도 뇌와 언어능력에 자극을 받아 언어 발달이 촉진됩니다.

엄마와 토비는 어떻게 대화할까?

(그림책의 배 그림을 가리키며) **이게 뭐야?**

이건 '배'야. 너도 타고 싶어? This is a boat. Do you want to ride it?

Yes, I do.

누구랑 타고 싶어? With whom?

Mommy, Daddy, and teddy bear.

(그림 속의 강물을 가리키며) **배는 어디 위에서 탈 수 있지? Where do you ride a boat?**

Water.

 그래, 물 위에서 탈 수 있어. 바로 강물 위에서 타는 거야. Yes, on the water. On a river.

 생후 21개월 남녀 쌍둥이를 키우고 있는 워킹맘입니다. 낮 시간 동안 남자 아이는 친정 엄마에게 맡기고, 여자 아이는 어린이집에 보내고 있어요. 퇴근 후에는 두 아이들과 함께 우리말과 영어를 섞어서 말해 주며 다양한 놀이를 함께 하려고 애쓰고 있어요. 그런데 이상한 것은 두 아이의 말하기 능력이 현저하게 차이가 나요. 두 아이 다 잘 알아듣긴 하는데, 여자 아이가 말문이 빨리 트였어요. 어린이집에서 영어 교육을 하고 있는 것도 아닌데 말이에요.

아이가 언어를 습득하는 과정은 '듣기 → 말하기 → 읽기 → 쓰기' 단계를 거칩니다. 듣기를 많이 하면 말하기로 이어지는 것이죠. 말하기 능력이 차이가 나는 것은 말하기 연습을 얼마나 했느냐에 달려 있어요.

말하기 연습이라고 함은 아기가 입 근육을 움직여가며 소리 내어 말을 하도록 유도해 주는 것을 의미합니다. 여자 아이는 아무래도 어린이집에서 만나게 되는 어른, 친구, 언니, 오빠가 많기 때문에 더 많이 듣게 되고, 그만큼 더 말할 기회가 많은 것이지요. 우리말을 듣고 말하는 것이 영어를 듣고 말하는 것에도 영향을 주는 것이고요. 남자 아이에게 말하기 연습을 할 기회를 엄마가 더 만들어 주시면 좋겠습니다.

마법의 말 걸기

기억하세요!

- 두 언어로 말을 걸 때는 반드시 '우리말 → 영어'의 순서를 기억하세요.
- 절대로 한 문장 안에서 우리말 단어와 영어 단어를 섞어 쓰지 마세요. 아기의 뇌에 자리 잡힌 이중 언어 체계가 무너져 혼란을 일으키기 때문입니다.
- 천천히 입을 크게 벌리고 정확하게 발음하세요.
- 재미있는 몸동작과 의성어를 적극 활용하세요.
- 음원을 활용하여 여러 번 듣고 따라서 아기에게 말을 걸어 보세요.

8 - 1

배변 훈련하기

쉬[응가]하고 싶어?⁎ **Do you want to go potty?**

- **potty** 아기용 변기. **go to potty**는 '**go to the bathroom**(화장실 가다)'의 유아용 표현으로 '쉬[응가]'를 하러 간다는 의미입니다. '**Do you want to pee[poop]?**'과 같은 직접적인 표현 대신에 주로 쓰이지요.

바지를 벗어라. Take off your pants.

이건 아기 변기야. This is a potty.

아기 변기 위에 앉아라. Sit on the potty.

다 누었니? **Are you done?**

엄마가 닦아 줄게. **I'll wipe you.**

너무 뜨겁니[차갑니]? **Is it too hot[cold]?**

다 됐다. 이제 바지 올려라. **All done. Pull up your pants.**

쉬[응가]를 치우자. **Let's empty your potty.**

저런! 바지에다 쉬했구나. **Oh! You wet your pants.**

저런! 바지에다 응가했구나. **Oh! You pooped your pants.**

다음 번엔 참지마. **Don't hold it next time.**

쉬[응가]하고 싶을 땐 '화장실 가고 싶어요'라고 말해. **When you want to pee[poop], say 'I want to go potty.'**

만세! 변기에다 쉬[응가] 했네! **Hooray! You peed[pooped] in the potty.**

식사하기

아침[점심/저녁] 먹을 시간! Time for breakfast[lunch/dinner]!

간식 시간이야. It's snack time.

손 씻어야지. Wash your hands.

숟가락[포크](으)로 먹어야지. Use your spoon[fork].

(음식을 주면서) 여기 있다. Here you are.

맛있게 먹어. Enjoy your meal.

많이 먹어. Help yourself.

이거 먹어 봐. 맛있어. Try this. It's good.

냄새 좋다. 그렇지? That smells good, doesn't it?

이건 밥이야. 어때? **This is rice. Do you like it?**

더 먹을래? **Do you want some more?**

한입만 더 먹자. **Let's have one more bite.**

배 부르니? **Are you full?**

배 고프니? **Are you hungry?**

다 먹었니? **Are you done?**

먹기 싫어? **You don't want to eat?**

맛있어 보이네. **It looks good.**

잘 먹었습니다. **I enjoyed it.**

이제 치우자. **Let's clean up.**

컵으로 물을 마실 때

토비가 컵이 있네. Toby has a cup.

이것은 너만의 컵이야. This is your own cup.

컵으로 물을 마셔 볼까? Let's try drinking from a cup.

엄마도 컵으로 물을 마시네. Mommy drinks from a cup, too.

와, 컵으로 물 마실 수 있구나. Wow, you can drink water from a cup.

잘했어. You did a good job.

이 닦기

이 닦을 시간. **Time to brush your teeth.**

이건 네 칫솔이야. **This is your toothbrush.**

이건 치약이야. **This is toothpaste.**

치약을 짜 보자. **Squeeze it.**

위아래, 위아래 싹싹 닦자. **Brush up and down, up and down.**

앞뒤로, 앞뒤로 싹싹 닦자. **Brush back and forth, back and forth.**

이제 뱉어 내자. **Now, spit it out.**

입 안을 헹구자. **Rinse your mouth.**

깨끗하고 개운해졌네. **Your teeth are clean and fresh.**

색깔과 도형 알려 주기

네 모자는 무슨 색이니? What color is your hat?

빨간 색이에요. It's red.

너는 어떤 색이 좋아? What color do you like?

나는 분홍색이 좋아요. I like pink.

빨간색 블록을 찾아 보자. Let's find the red blocks.

뭘 그리니? What are you drawing?

동그라미를 그려요. I'm drawing a circle.

책상은 네모야. The desk is square.

달은 동그라미야. The moon is round.

별을 그려 보자. Let's draw a star.

뚜껑 찾기 놀이하기

이것들은 냄비고, 이것들은 뚜껑이야. **These are pots and these are lids.**

냄비가 몇 개 있을까? **How many pots do we have?**

냄비는 다섯 개가 있네. **We have five pots.**

뚜껑을 여세요. **Open the lid.**

뚜껑을 닫으세요. **Close the lid.**

이 뚜껑이 맞는 냄비를 찾아 보자. **Find the matching pot and lid.**

어느 냄비에 이 뚜껑이 맞을까? **Which one fits the lid?**

어느 냄비에 뚜껑을 닫아 줘야 할까? **Where does the lid go?**

(냄비에 뚜껑이) 네, 딱 맞네요. **Yes, it fits.**

(냄비에 뚜껑이) 아니요, 맞지 않아요. **No, it doesn't fit.**

딱 맞는 크기네. **It's the right size.**

크기가 안 맞네. **It's the wrong size.**

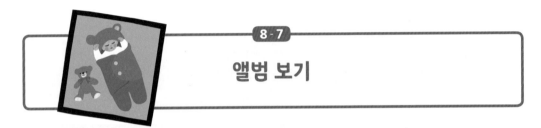

8 - 7

앨범 보기

앨범을 보자. **Let's look at your album.**

이 사진을 봐. **Look at this picture.**

이제 누굴까? **Who can this be?**

엄마네. **This is Mommy.**

넌 어디 있을까? **Where are you?**

토비는 여기 있네. **Toby is here.**

아기 때 사진이네. **You are a baby in this picture.**

아빠를 찾을 수 있어? **Can you point to Daddy?**

이 날 기억나니? **Do you remember that day?**

사진 속 네가 너무 즐거워 보이네. **You look so happy in this picture.**

스토리북을
두 언어로 읽어 주기

ELPHANT

28~30 months 아기의 변화

● **언어 발달**

시간 개념을 익히기 시작한다.
다양한 질문을 던진다.
어른만큼 발음이 꽤 정확해진다.

● **청각 발달**

과거형과 미래형의 언어를 이해하기
시작한다.

● **운동 신경 발달**

가위질을 하기 시작한다.

● **아기의 생활**

빨래 널기, 신발 정리하기,
쓰레기를 휴지통에 버리기 등
간단한 집안일을 도울 수 있다.

25~27 months 아기의 변화

● **언어 발달**

영어로 말을 걸면 한국말로 대답할 때가
많다.
3~4개 단어를 자연스럽게 연결시켜 말로
표현한다.
일상 생활에서 다양한 경험으로 익히는
단어나 말의 양이 많아진다.
단어보다 문장으로 말하는 것에 익숙해
진다.

● **청각 발달**

세 가지 내용이 포함된 지시어나 명령어
중에서 두 가지를 수행할 수 있다.
길고 복잡한 내용의 문장을 이해한다.

● **운동 신경 발달**

한쪽 발로 설 수 있다.
능숙하게 계단을 오르내린다.

● **아기의 생활**

블록 쌓기 놀이, 스티커 붙이기 등 집중
력과 소근육 발달이 필요한 놀이를 즐겨
한다.

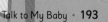

이중 언어 소리 환경의 포인트

♥ **우리말은 영어를 배우는 데 있어서 최고의 도우미 임을 기억하세요.**

이 시기의 아기들은 어린이집과 같은 기관에 다니는 경우가 대부분이기 때문에 영어보다 한국어를 훨씬 더 많이 듣는 환경에 처해있습니다. 우리말 능력이 훨씬 더 앞서게 되면서 편한 우리말로만 말을 하려고 하지요. 우리말과 영어의 실력 차이가 조금씩 벌어질 수 있는데 그럴수록 조바심을 내지 않고 엄마·아빠와 영어로 놀이하는 시간을 더 늘려서 영어를 많이 사용할 수 있도록 도와주면 됩니다. 우리말 실력이 늘수록 영어 표현의 의미를 그림이나 동작이 아닌 우리말로 알려주게 되면 아기가 의미를 수월하게 받아들이는 장점이 있습니다. 영어 습득에 있어서 '우리말 사용 금지'는 잘못 된 생각입니다.

♥ **스토리북의 한 쪽당 읽는 시간은 짧게 하세요.**

스토리가 있는 책을 읽기 시작하면 아기가 다음 쪽의 내용이 궁금해서 읽고 있는 쪽을 다 읽기도 전에 다음 쪽으로 넘기려고 하는 경우가 대부분이에요. 이때 "잠깐, 아직 다 안 읽었어."라고 말하며 넘기지 못하게 하면 오히려 아기의 집중력을 떨어뜨리게 됩니다. 스토리북은 한 쪽당 읽는 시간이 짧을수록 좋아요. 아기의 집중력이 짧기 때문에 엄마가 내용을 줄여서 읽어 주고 다음 쪽으로 넘어가는 것이 아기의 흥미도를 유지할 수 있는 방법입니다.

♥ **스토리북의 주인공 이름을 아기의 이름으로 바꾸어 읽어 주세요.**

이야기의 주인공이 자신의 이름으로 반복해서 들리면, 아기는 마치 자신이 그 이야기를 겪고 있는 것 같은 생생함에 더 흥미를 갖게 됩니다. 집중해서 듣게 되는 내용은 아기에게 쏙쏙 흡수되어 조만간 입 밖으로 표현될 것입니다.

🧒 월요일 아침, 학교 가는 길에, 토비가 친구들에게 외쳤어.
"우리집에 괴물이 있어!" On Monday morning, on the way to school, Toby said to the boys, "There's a monster at my house!"

👦 (귀를 쫑긋, 흥미를 보이며) Toby?

♥ 손가락으로 글자를 짚어가며 읽지 마세요.

아기의 시선은 여전히 책 속의 그림이나 책을 읽어 주는 엄마·아빠에게 집중하고 있으며, 문장 한 줄 한 줄에 고정되지 못합니다. 문자에 치우친 언어교육은 아기의 집중력과 흥미도를 떨어뜨릴 뿐입니다.

👩 이 문장 봐. 엄마가 읽어 줄게. 잘 들어. Look at this sentence. I'll read it for you. Listen carefully.

👦 (영어 문장을 보다가 엄마 손가락을 보다가 그림을 본다.)

👩 Once upon a time, there lived a princess…

👦 (그림만 본다.)

> 놀이하듯 대화하듯 자연스럽게 이야기책을 읽어 주세요. 아이의 반응과 시선을 살펴가며 진행하세요.

♥ **한 단어를 우리말과 영어로 바꿔서 말하는 연습을 유도하세요.**

아기는 이제 우리말과 영어 두 언어의 개념이 잘 자리잡았을 것입니다. 한 단어를 우리말과 영어로, 영어와 우리말로 바꿔서 말하는 연습을 함께 해 보세요. 예를 들어, "사과는 영어로? What's 사과 in English?", "apple은 한국말로? What's apple in Korean?"과 같이 질문하고 답을 유도하는 것이죠.

♥ **아기 동물과 엄마 동물의 명칭을 두 언어로 알려 주세요.**

아기가 가장 많이 관심을 보이는 대상은 여전히 동물입니다. 아기가 엄마에게 애착을 느끼는 만큼 아기에게는 동물 세계에서도 '아기 - 엄마'의 관계가 흥미롭지요. 아기 동물과 엄마 동물의 사진·그림을 보며 우리말, 영어로 명칭을 알려 주세요.

엄마가 토비에게 말해 주세요. : 아기 동물 / 엄마 동물

아기 동물	—	엄마 동물
송아지 - calf		소 - cow
아기 양 - lamb		양 - sheep
강아지 - puppy		개 - dog
아기 고양이 - kitten		고양이 - cat
병아리 - chick		닭 - chicken
아기 말 - foal		말 - horse
아기 오리 - duckling		오리 - duck
아기 돼지 - piglet		돼지 - pig
아기 곰 - cub		곰 - bear
아기 사자 - cub		사자 - lion
아기 호랑이 - cub		호랑이 - tiger

아기 여우 - cub　　　　　　　　여우 - fox

아기 토끼 - bunny　　　　　　　토끼 - rabbit

아기 사슴 - fawn　　　　　사슴 - doe / 아빠 사슴 - deer

※ 그 밖의 동물들은, 명칭 앞에 baby를 붙이면 아기 동물

엄마와 토비는 어떻게 대화할까?

토비, 와! 이 사진들 좀 봐. Toby, wow! Look at these pictures.

(엄마 환호성에 놀라며 사진을 본다.) Wow.

이것은 개야. 엄마 개야. This is a dog. She is Mommy.

Mommy··· dog···

저것은 강아지야. 아기 개야. That is a puppy. He is a baby.

Baby··· dog···

♥ **과거형과 미래형을 동작으로 설명하여 이해를 도와주세요.**

아기는 '나중에 - later, 다 했어 - all done, 먹었어 - ate, 갈 거야 - I'll go, 할 거야 - I'll do'와 같은 과거형과 미래형 언어의 의미를 파악하고 따라하기 시작합니다. 과거형을 설명할 때는 엄마가 어떤 동작을 하고 난 직후 과거형으로 말해 주고, 어떤 일을 하기 전에 미래형으로 말해 주는 방식으로 반복해서 이해를 도와주어야 해요. 이 시기에 아기가 사용하는 동사는 단순하고 쉽기 때문에 과거형과 미래형 표현들을 익혀서 자주 말해 주세요.

기본형	현재진행형	과거형	미래형
먹다 I eat	먹고 있다 I'm eating	먹었다 I ate	먹을 것이다 I will eat
걷다 I walk	걷고 있다 I'm walking	걸었다 I walked	걸을 것이다 I will walk
달리다 I run	달리고 있다 I'm running	달렸다 I ran	달릴 것이다 I will run
가다 I go	가고 있다 I'm going	갔다 I went	갈 것이다 I will go
잠자다 I sleep	자고 있다 I'm sleeping	잤다 I slept	잘 것이다 I will sleep
노래하다 I sing	노래하고 있다 I'm singing	노래했다 I sang	노래할 것이다 I will sing
말하다 I say	말하고 있다 I'm saying	말했다 I said	말할 것이다 I will say
마시다 I drink	마시고 있다 I'm drinking	마셨다 I drank	마실 것이다 I will drink
만들다 I make	만들고 있다 I'm making	만들었다 I made	만들 것이다 I will make
울다 I cry	울고 있다 I'm crying	울었다 I cried	울 것이다 I will cry
던지다 I throw	던지고 있다 I'm throwing	던졌다 I threw	던질 것이다 I will throw
잡다 I catch	잡고 있다 I'm catching	잡았다 I caught	잡을 것이다 I will catch

생후 27개월 된 아들, 민수의 엄마예요. 돌 전부터 유아용 영어 교육 영상을 보여 주면서 영어 표현을 말할 수 있는 환경을 만들어 주었어요. 처음에는 영상에 나오는 동요나 간단한 영어 대사를 곧잘 따라하기에 영상 시청 시간을 점점 늘려갔지요. 그런데 언제부턴가 민수는 영어 영상을 볼 때 엄마가 이름을 불러도 반응하지 않고, 영상을 보면서 혼잣말로 중얼중얼 할 때도 많아요. 엄마와 눈도 마주치지 않거나 대화를 나누려 하지 않기도 해요.

'영상 증후군'의 초기현상이 나타나고 있네요. 영유아기에 장시간 영상을 보여 주면 영상에 중독되어 여러 언어 장애를 겪게 되고, 심해지면 유사 자폐증으로 옮아가기도 한답니다. 물론, 영상을 통해 재미난 율동이나 노래, 회화 등을 배울 수 있지요. 영유아들이 실생활에서 경험하지 못한 세계를 영상을 통해 체험하고 보았던 말들을 금세 따라 하는 걸 보면 영상의 교육적 효과도 분명히 있음은 사실입니다. 하지만 영유아에게 장시간 영상을 노출하는 것은 매우 해롭습니다.

만 3세 이전의 아기는 엄마·아빠와의 상호작용을 통해 말을 배우는 것이지 일방적인 자극을 통해 말을 배우는 것이 아닙니다. 말하는 능력을 퇴화시킬 뿐이지요. 이제부터라도 한동안 영상을 멀리하고, 그림책 읽기나 놀이를 통한 상호작용으로 언어를 알려 주세요.

마법의 말 걸기

기억하세요!

- 두 언어로 말을 걸 때는 반드시 '우리말 → 영어'의 순서를 기억하세요.
- 절대로 한 문장 안에서 우리말 단어와 영어 단어를 섞어 쓰지 마세요. 아기의 뇌에 자리 잡힌 이중 언어 체계가 무너져 혼란을 일으키기 때문입니다.
- 천천히 입을 크게 벌리고 정확하게 발음하세요.
- 재미있는 몸동작과 의성어를 적극 활용하세요.
- 음원을 활용하여 여러 번 듣고 따라서 아기에게 말을 걸어 보세요.

---

9 - 1

옷을 입고 벗기

옷 입자. Let's get dressed.

옷 벗자. Take off your clothes.

모자를 벗자. Take off your hat.

모자를 쓰자. Put your hat on.

지퍼를 올려라. Zip it up.

지퍼를 내려라. **Zip it down.**

바지[치마/팬티]를 내려라. **Pull down your pants[skirt / underwear].**

모래놀이 하기

모래놀이 하자. **Let's play with sand.**

먹으면 안 돼. **Don't eat it.**

모래를 만져서 느껴 봐. **Touch the sand and feel it.**

모래로 무엇을 만들까? **What shall we make with the sand?**

모래성을 만들자. **Let's make a sandcastle.**

모래를 탁탁탁 손으로 두드려. **Pat, pat, pat the sand.**

두껍아, 두껍아 헌 집 줄게, 새 집 다오. Little toad, little toad, take this old house and give me a new one.

미끄럼 타기

미끄럼틀 타자. Let's go on the slide.

계단을 올라가세요. Go up the stairs.

겁내지 마. Don't be scared.

그냥 쭉 내려오면 돼. Just slide down.

엄마가 잡아 줄게. Mommy will catch you.

친구를 밀면 안 돼. Don't push your friend.

차례를 기다려. Wait for your turn.

심부름하기

엄마 좀 도와줄래? Can you help Mommy?

집이 지저분해. It's messy.

깨끗하게 청소하자. Let's clean up.

커튼을 열자. Open the curtain.

장난감을 치워라. Put the toys away.

쓰레기를 휴지통에 넣어라. Put the trash in the trash can.

그릇들을 엄마에게 가져다 줘. Bring me the dishes.

신발을 정리하자. Let's organize the shoes.

빨래를 개자. Let's fold the laundry.

양말[책] 좀 줘. Pass me the socks[the book].

TV 좀 꺼 줘. Turn off the TV.

엄마 휴대전화 좀 찾아 줄래? Can you find Mommy's cell phone?

아유, 착하네! What a good girl[boy]!

풍선놀이하기

풍선 가지고 놀자. **Let's play with the balloon.**

풍선 불어 줄까? **Shall I blow it up for you?**

이렇게 입으로 바람을 불어넣는 거야. 후우. **You blow it up like this with your mouth. Whoosh.**

자, 풍선을 날려 보자. **Now, let's let the balloon fly away.**

풍선이 날아가네. **The balloon is flying around.**

자, 이제 다시 불어서 묶자. **Now, let's blow it up again and tie it up.**

조심해. 터진다. **Be careful. It'll pop.**

인형놀이하기

인형놀이하자. Let's play dolls.

인형 머리를 묶어 주자. Let's tie back the doll's hair.

인형 목욕시키자. Let's give the doll a bath.

인형 옷 입히자. Let's dress the doll.

인형 안아 주자. Let's hug the doll.

인형 밥 먹이자. Let's feed the doll.

인형을 재우자. Let's put the doll to bed.

엄마·아빠 흉내 내기

엄마 빨간 립스틱을 발랐구나. **You have on Mommy's red lipstick.**

엄마와 비슷하게 생겼네. **You look like me.**

예쁘다. **You look pretty.**

아빠 구두를 신었네. **You are wearing Daddy's shoes.**

멋지다. **You look nice.**

너는 누구 닮았니? **Who do you look like?**

엄마야, 아빠야? **Mommy or Daddy?**

둘 다 닮았네. **You look like both.**

여러 어휘를
두 언어로 알려 주기

31~36 months 아기의 변화

● **언어 발달**

많다, 적다, 크다, 사라지다 등 추상적인 개념을 이해하고 표현한다.
일상생활에서 왠만한 문장은 거의 이해하고 말로 표현한다.

● **청각 발달**

세 가지 내용이 포함된 지시어나 명령어 중에서 세 가지를 수행할 수 있다.
길고 복잡한 내용의 문장을 이해한다.

● **운동 신경 발달**

장난감 차를 밀면서 방향 전환을 할 수 있다.
세발 자전거를 탈 수 있다.

● **아기의 생활**

놀이나 게임에 대한 규칙을 이해하고 기다릴 수 있다.
해서 되는 것과 안 되는 것을 구분할 수 있다.

이중 언어 소리 환경의 포인트

♥ '같다, 다르다, 맞다, 틀리다' 등을 말할 때 몸동작을 이용하세요.

이제 아기는 이미 상당히 많은 단어를 알고 있으므로, 아기와 함께 단어의 의미를 서로 묻고 답하는 놀이를 해 보세요. 단어의 의미를 맞히거나 틀렸음을 우리말에 이어 영어로 말해 주되(맞아 - That's right[correct]. 틀려 - That's not correct.), 의미를 몸동작으로 표현해 주세요. 의미가 같은 단어, 다른 단어, 반대인 단어를 짝지어서 묻고 답하는 것도 좋습니다. 이때에도, 단어 의미의 관계를 우리말에 이어 영어로 말해 주되(같아 - They're the same. 달라 - They're different. 반대야. - They're opposite.), 몸동작으로도 표현해 주세요. 아기가 소리와 몸동작으로 의미를 받아들여 더 잘 기억하게 됩니다.

♥ 일부러 틀리게 말하여 아기에게 정답을 유도하세요.

책을 읽고 나서 내용에 대해 묻고 답하거나, 단어의 의미를 묻고 답할 때, 일부러 엄마·아빠가 틀린 답을 말해 보아요. 아기는 자신이 알고 있음을 더 자랑하고 칭찬받고 싶어서 더 적극적으로 말하고 표현할 것입니다. 아기가 정답을 말하면 충분히 칭찬해 주세요. 아기의 영어로 말하는 즐거움과 자신감이 팍팍 올라갑니다.

엄마와 토비는 어떻게 대화할까?

🧑‍🦰 백설공주가 뭘 먹었지? What did Snow White eat?

👦 (잠시 생각한다.)

🧑‍🦰 백설공주는 레몬을 먹었지. Snow White ate a lemon.

👦 (놀라며) No. Snow White ate an apple.

👧 오, 그렇구나. 토비 말이 맞았어. Oh, that's right. You gave me a right answer.

👶 She ate an apple!

👩 백설공주는 사과를 먹었구나. Snow White ate an apple.

♥ 여러 뜻을 갖고 있는 단어는 풍부한 예를 통해 알려 주세요.

'배, 말, 이, 쓰다' 등 여러 의미를 갖고 있는 우리말 단어들이 있지요. 각각의 의미를 영어로도 알려 주되, 풍부한 문장 예를 통해 알려 주세요.

엄마가 토비에게 말해 주세요. : 다양한 의미를 갖는 단어

다양한 '배'

과일 pear	- 나는 배를 먹고 싶어. I want to eat a pear.
탈것 boat	- 배는 강 위에 있어. The boat is on the river.
신체 부위 belly	- 아빠 배는 뚱뚱해. Daddy has a fat belly.

다양한 '쓰다'

글자를 쓰다 write	- 네 이름을 써 봐. Write your name.
모자를 쓰다 wear	- 너는 빨간 모자를 썼네. You're wearing a red cap.
맛이 쓰다 bitter	- 이 과일은 맛이 써. This fruit is bitter.

아기의 신체 부위, 주변에서 흔히 볼 수 있는 사물, 아이가 좋아하는 동물 등이 하나일 때
와 여러 개 일 때 영어로 다르게 표현함을 알려 주세요. 엄마·아빠가 수의 변화를 가리켜
가며 표현하거나 과장된 동작으로 알려 주면 더 좋습니다.

엄마가 토비에게 말해주세요. : 단수와 복수

단수에 -s만 붙이는 경우

귀 한쪽 - an ear / 귀 양쪽 - ears

눈 한쪽 - an eye / 눈 양쪽 - eyes

손가락 하나 - a finger / 손가락 여러 개 - fingers

규칙이 없는 경우

이 하나 - tooth / 이 여러 개 - teeth

발 한쪽 - foot / 발 양쪽 - feet

쥐 한 마리 - mouse / 쥐 여러 마리 - mice

엄마와 토비는 어떻게 대화할까?

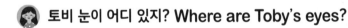 토비 눈이 어디 있지? Where are Toby's eyes?

 (자기 두 눈을 가리키며) Here!

아하, 토비는 눈이 두 개 있구나. Aha, Toby has two eyes.

 Two eyes.

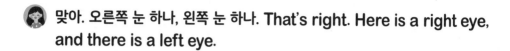 맞아. 오른쪽 눈 하나, 왼쪽 눈 하나. **That's right. Here is a right eye, and there is a left eye.**

 (오른쪽, 왼쪽 눈을 가리키며) **Right eye, left eye.**

 과도한 조기 영어교육으로 인한 부작용, 혹은 우리말과 영어를 동시에 가르쳐서 발생하는 언어 혼란 등의 문제를 여러 매체를 통해 접했습니다. 태어날 때부터 꾸준히 두 언어를 알려 주고 있는 저로서는 여간 걱정스러운 것이 아닙니다. 특히 아이가 요즘 발음을 부정확하게 하거나 두 언어 다 문법에 맞지 않게 말할 때도 있어서 더 걱정이 됩니다. 혹시 두 언어를 배우면서 혼란을 겪는 것이 아닐까요?

 "아직 우리말도 제대로 못하는데 영어까지 가르치면 헷갈리지 않을까요?" 아기가 태어날 때부터 이중 언어 교육을 하고 있는 엄마들에게 가장 많이 듣는 질문입니다. 단언컨대, 전혀 걱정할 필요 없습니다.

아기는 태어날 때부터 만 6세이전까지는 두 언어를 똑같이 받아들이기 때문에, '외국어'란 개념은 아직 없어요. 즉, 영어를 태어날 때부터 모국어와 똑같이 매일 접해 주었다면 아무런 거부감 없이 쉽게 받아들인다는 뜻입니다. 특히 만 3세 이전 아기의 두뇌는 스펀지와 같아서 어떠한 언어도 빠르게 습득합니다. 유럽인이나 유태인을 예로 들 수 있듯이. 태어날 때부터 '소리'로 꾸준히 접해 주면 아무런 부작용 없이 여러 언어를 습득할 수 있습니다. 또한 여러 언어를 배운 아이가 한 언어만 배운 아이보다 언어습득 능력이나 언어 발달이 훨씬 빠르다는 것도 증명되었습니다.

단, 아기의 성장 단계, 뇌 발달시기에 맞추어 아기가 수용할 수 있을 정도만 알려 주어야지, 어려운 내용을 주입식으로 가르치는 것은 지양해야 합니다. 이제 막 걷기 시작한 아기에게 마라톤을 강요할 수는 없겠지요? 불필요한 과도한 자극이 지속되면 아기에게는 말더듬, 함묵증, 과잉언어 등의 부작용이 발생할 수 있습니다. 아기가 즐겁게 엄마·아빠와 뒹굴며 놀면서 그림책을 통해 자연스럽게 두 언어를 접한다면 절대 부작용은 없습니다.

물론, 두 언어를 동시에 접하면 누구나 약간의 언어 혼란 과정을 겪을 수 있어요. 우리말만 배우는 아기도 처음에는 말을 문법에 맞지 않게 하거나 발음이 부정확하기도 하잖아요. 우리말과 영어라는 서로 다른 음소체계로 인한 약간의 혼란을 겪는 것은 지극히 일시적인 것이며, 시간이 흐르면 저절로 사라집니다. 꾸준히 두 언어를 접하게 하면 만 6세경에는 두 언어체계가 완벽하게 자리 잡아서 두 언어를 확실히 구별하여 말하고 듣게 됩니다. 그러니 엄마·아빠가 흔들리지 말고 아기가 꾸준히 두 언어를 접할 수 있도록 도와주시길 바랍니다.

31~36 months

마법의 말 걸기

기억하세요!

- 두 언어로 말을 걸 때는 반드시 '우리말 → 영어'의 순서를 기억하세요.
- 절대로 한 문장 안에서 우리말 단어와 영어 단어를 섞어 쓰지 마세요.
  아기의 뇌에 자리 잡힌 이중 언어 체계가 무너져 혼란을 일으키기 때문입니다.
- 천천히 입을 크게 벌리고 정확하게 발음하세요.
- 재미있는 몸동작과 의성어를 적극 활용하세요.
- 음원을 활용하여 여러 번 듣고 따라서 아기에게 말을 걸어 보세요.

10 - 1

매일 쓰는 말

잠깐 기다려. Just a minute. / Hold on.

엄마 말 들어야지. Listen to Mommy.

조심해! Watch out!

이리 와. Come here.

착하지. You are a good girl[boy].

심술부리지 마. Don't be grumpy.

칭얼칭얼하지 마. Stop whining.

다신 그러지 마. Don't do that again.

재미있어? Is it fun?

숨바꼭질하자. Let's play hide-and-seek.

내가 술래 할게, 넌 숨어. You hide and I'll look for you.

어디에 숨었니? Where are you hiding?

10 · 2

혼자 신발 신기

너 혼자서 신발 신을 수 있니? Can you put on your shoes all by yourself?

와, 너 혼자서 신발 신을 수 있구나. Oh, you can put on your shoes all by yourself.

편하니? Does that feel comfortable?

왜 그래? 어디 보자. What's wrong? Let me see.

신발을 바꿔 신었네. Your shoes are on the wrong feet.

혼자 옷 벗기

얼룩이 묻었네! You have a stain.

네 바지가 더러워졌구나. Your pants are dirty.

너 혼자 바지를 벗을 수 있니? Can you take off your pants all by yourself?

오른쪽 다리, 왼쪽 다리 모두 벗었네! Right leg, left leg, all off!

잘했어! Good job!

셔츠도 벗을 수 있어? Can you take off your shirt too?

혼자서 다 했구나. You did it all by yourself.

정말 기특하구나. I'm so proud of you.

네 더러운 옷은 빨래통에 넣자. Please put away your dirty clothes.

놀잇감 정리하기

재미있어? Are you having fun?

이제 노는 것이 싫증나? Are you tired of playing?

그만 놀고 싶구나. You don't want to play anymore.

자, 같이 치우자. Now, let's clean up together.

이 블록은 어디에 둘까? **Where does this block go?**

둘 곳을 찾았니? **Can you find the place?**

고마워. **Thank you.**

정리하는 것이 재미있지? **It's fun to clean up, isn't it?**

해도 되는 것·안 되는 것 알려 주기

해도 돼. **You can do that.**

그건 먹어도 돼. **You can eat it.**

그건 만져도 돼. **You can touch it.**

그래. 해 봐. **OK. Go ahead.**

그건 안 돼! **You can't do that!**

그건 위험해. **That's dangerous.**

엄마가 하지 말랬지! **Mommy said, "Don't!"**

엄마가 그만하랬지! **Mommy said, "Stop!"**

그건 먹으면 안 돼. **You can't eat it.**

다친단 말이야. **You might get hurt.**

그러면 안 돼. **You can't do that!**

10 - 6
자기 소개하기

네 이름은 무엇이니? **What's your name?**

나는 토비예요. **I'm Toby.**

너는 몇 살이니? **How old are you?**

나는 3살. I'm three.

너는 어디에서 사니? Where do you live?

나는 서울에 살아요. I live in Seoul.

10 - 7

가위바위보 놀이하기

가위바위보 하자. Let's play rock, paper, scissors.

가위바위보! Rock, paper, scissors!

엄마는 가위를 냈고 너는 바위를 냈구나! Mommy put out scissors, and you put out rock!

(Rock으로 이겼을 때) 네가 엄마를 부술 수 있네. 네가 이겼어. You can crush Mommy. You won!

(Scissors로 이겼을 때) 내가 너를 자를 수 있어. 엄마가 이겼어. Mommy can cut you. I won!

(Paper로 이겼을 때) 네가 나를 감쌀 수 있어. 네가 이겼어. You can wrap me. You won!

점토 놀이하기

이 점토는 물렁물렁하네. This clay feels mushy.

이 점토로 뭘 만들까? What should we make with this clay?

이게 뭐가 될 수 있을까? What can this be?

점토를 두드려 봐. Pound on the dough.

점토를 이렇게 돌려봐. Roll your dough like this.

와, 동그라미를 만들었구나! Wow, you made a circle!

그건 꼭 뱀 모양 같아. 멋져! It looks just like a snake. It's cool!

아기가 아플 때

왜 그래? 어디 아프니? What's the matter? Are you sick?

머리가 아프니? Do you have a headache°?

• 치통 - toothache / 복통 - stomachache

새 이가 나려고 하나? Is your new teeth coming in?

딸꾹질이 멈추질 않네. Your hiccups aren't stopping.

물을 좀 마셔 볼까? How about drinking some water?

어머나, 토했구나. Oh, you threw up.

괜찮니? Are you OK?

저런, 넘어져서 다쳤네. Oh, you fell down and hurt yourself.

엄마가 호 해주고, 약 발라 줄게. I'll blow on it, and put some medicine on it.

열이 높구나. You have a high fever.

체온을 재어 보자. Let's take your temperature.

기침이 심하네. You have a bad cough.

재채기하네. You're sneezing.

감기에 걸렸구나. You caught a cold.

아프지 마. Don't be sick.

약 먹고 빨리 낫자. Take this medicine, and get well soon.

아무래도 병원에 가야겠다. I think we had better go to the hospital.

어린이집에 갈 때

빨리 밥 먹고 준비하자. **Eat quickly and get ready.**

어린이집에 늦겠다. **You'll be late for preschool.**

준비됐니? **Are you ready?**

어서 옷 입자. **Hurry and get dressed.**

머리는 엄마가 빗겨 줄게. **I'll comb your hair.**

자, 가방 메고 모자 쓰자. **Now, put on your backpack and your hat.**

어린이집 버스 놓치겠다. **You'll miss the school bus.**

말 잘 들어야 해. **Be good.**

선생님 말씀 잘 들어. **Listen to your teacher.**

친구와 싸우지 마. **Don't fight with your friends.**

즐겁게 보내. **Have a good day.**

어린이집에서 돌아올 때

어서 와. 잘 보냈어? **Hello, sweetie. How was your day?**

오늘 즐겁게 지냈어? **Did you have fun today?**

오늘은 뭐하고 놀았니? **What did you do today?**

어, 다쳤네. **Oh, you hurt yourself.**

어디서 다쳤니? **How did you hurt yourself?**

친구랑 싸웠어? **Did you fight with your friends?**

그 노래 오늘 배운 거니? **You learned that song today?**

정말 재미있구나. That's really interesting.

정말 잘 불렀어. You sang it very well.

10 · 12
엄마가 실수했을 때

어머나, 저런. 엄마가 실수했네. Oh, my goodness. Mommy made a mistake.

정말 미안해. I'm really sorry.

많이 아프니? Does it hurt a lot?

어른도 실수할 때가 있어. Grown-ups make mistake sometimes, too.

일부러 그런 건 아니야. I didn't do that on purpose.

이해할 수 있겠니? Can you understand that?

다음부턴 더 조심할게. I'll be more careful next time.

약속할게. I promise.

엄마를 도와주려는지 몰랐어. I didn't know you were trying to help.

엄마 용서해 줘. Please forgive me.

엄마의 감정을 표현하기

엄마는 정말 기뻐. I'm really happy.

엄마는 네가 웃을 때가 제일 예뻐. I like it best when you smile.

엄마는 너랑 놀 때가 제일 좋아. I like playing with you best.

엄마 정말 화났어. I'm really angry.

엄마 곧 괴물로 변할지도 몰라. I might turn into a monster soon.

실망스럽네. I'm disappointed.

네가 밥을 안 먹어서 엄마는 속상해. It really upsets me that you aren't eating your meal*.

- 잠을 안 자서 - that you aren't going to bed /
  친구를 때려서 - that you hit your friend /
  약속을 어겨서 - that you broke your promise /
  엄마 말을 안 들어서 - that you didn't do what I said /
  버릇없이 행동해서 - that you misbehaved

엄마는 너무 피곤해. I'm so tired.

엄마는 정말 힘들어. I'm really having a hard time.

네가 소리 질러서 엄마는 놀랐어. You surprised me when you screamed.

엄마 속상해. My feelings are hurt.

네가 와서 엄마 달래 줘. You should come here and comfort me.

엄마는 좋지 않은 일이 있어서 우울해. Something bad happened. I feel sad.

할머니가 편찮으셔서 엄마는 무척 슬퍼. I'm so sad because grandma is sick.

이 이야기는 아주 재미있네. I think this story is very interesting.

엄마는 너랑 함께 있는 순간이 가장 행복해. My happiest moments are when I'm with you.

최고의 친구이자 선생님이었던 엄마께

엄마가 제게 준 최고의 선물은 '외국어를 두려워하지 않고, 즐기게 만든 것'이었어요. 하루도 빠짐 없이 외국어로 말을 걸어 주었던 날들 덕분에 저는 이곳 프랑스에서도 언어 소통 때문에 힘든 일은 없었어요. 어릴 적 자주 아파 병원에서 지냈을 때도 엄마는 '영어 말하기'를 쉬지 않으셨죠. 병실에 누워 심심해 하면 "뭐하고 싶어? What do you want to do?"라고 우리말과 영어를 함께 했던 것 기억하세요, 엄마? 무척 바빠 밤 늦게 오셔서 잠든 저에게 "좋은 꿈 꿔. Sweet dreams." 한 마디라도 속삭여 주신 엄마. 아직도 그 쩌렁쩌렁한 목소리, 할리우드 배우 같은 과장된 몸동작이 생생하게 기억나요.

좋다는 영어 유치원, 학원 한번 다니지 않았지만 가랑비에 옷 젖듯 외국어의 소리에 귀가 열리는 데 10년이 걸렸어요. 10분이라도 매일 듣고 따라 외친 시간들이 10년 넘게 쌓이고, 어느새 어휘가 늘면서 말문이 빵 터지게 되었죠. 영어뿐 아니라 엄마가 함께 외쳐 준 중국어, 일본어도 터지기 시작하면서 우리는 미라클을 경험했잖아요! 제게 있어서 엄마는 최고의 선생님이자 언어를 함께 공부하는 단짝 친구였어요.

힘든 시기가 없었다면 거짓말이겠죠? 하지만 몇 번을 넘어져도 엄마는 끈을 놓지 않고 저의 페이스와 리듬에 맞춰 한 걸음씩 나아가게 도와주셨어요. 덕분에 믿을 수 없게도 제가 지금 파리 소르본 대학에서 공부할 수 있게 되었고요.

"외국어는 ELS!! Every day, Little, Steady!! 매일 조금씩 꾸준하게!!"
엄마가 늘 제게 해주신 말이지요.

이 책을 통해 제가 경험했던 최고의 엄마표 영어 추억을 대한민국의 모든 아기들이 꼭 경험하면 좋겠어요. 세상에서 가장 사랑하는 엄마의 목소리로 매일 하루도 빠짐 없이 듣는 최고의 영어 소리. 그 소리바다에 푹 빠져 엄마와 아기가 두 언어로 통하는 미라클을 맛보길 바랍니다. 엄마, 고맙고 사랑해요.

파리에서 현진이가